CHINESE
BUSINESS SCHOOL
PRACTICE OF MANAGEMENT THOUGHT

中国商学院
管理思想践行
（2022）

上海交通大学安泰经济与管理学院
高管教育中心　编著

上海交通大学出版社
SHANGHAI JIAO TONG UNIVERSITY PRESS

内容提要

本书汇集了上海交通大学安泰经济与管理学院高管教育中心平台的管理思想、优秀商业案例，探讨理论与实践如何在商业领域有更多的交集，并以此孵化出更多符合服务社会和服务商业整体的商业模式。本书阐述了课程教授专家围绕商业前沿与理论发展剖析国际与中国经济形势、产业发展趋势，提炼前沿管理理论方法与思想精髓，向企业和管理者提供了商业决策的理论支持，同时，聚焦高管教育中心的优秀企业校友，挖掘企业家成功背后的逻辑，剖析其遇到"瓶颈"时所提出的解决方案，体现企业家创业过程中的辛酸苦辣，呈现企业家校友在课程学习过程中的收获以及在商业应用中的不断实践，凸显了企业家应具有的社会责任和战略管理水平，以及在复杂的全球竞争环境下企业的可持续发展能力。本书可供企业管理者阅读参考。

图书在版编目（CIP）数据

中国商学院管理思想践行.2022 / 上海交通大学安泰经济与管理学院高管教育中心编著. —上海：上海交通大学出版社，2022.7

ISBN 978-7-313-26672-9

Ⅰ.①中… Ⅱ.①上… Ⅲ.①企业管理–经济思想 Ⅳ.①F272

中国版本图书馆CIP数据核字（2022）第040650号

中国商学院管理思想践行（2022）
ZHONGGUO SHANGXUEYUAN GUANLI SIXIANG JIANXING (2022)

编　　著：上海交通大学安泰经济与管理学院高管教育中心
出版发行：上海交通大学出版社　　　　　　　地　　址：上海市番禺路951号
邮政编码：200030　　　　　　　　　　　　电　　话：021-64071208
印　　制：上海锦佳印刷有限公司　　　　　　经　　销：全国新华书店
开　　本：787mm×1092mm　1/16　　　　印　　张：12
字　　数：198千字
版　　次：2022年7月第1版　　　　　　　　印　　次：2022年7月第1次印刷
书　　号：ISBN 978-7-313-26672-9
定　　价：98.00元

版权所有　侵权必究
告读者：如发现本书有印装质量问题请与印刷厂质量科联系
联系电话：021-56401314

编委会名单

主　　编　陈方若　田新民　刘少轩

执行主编　高晶鑫　孙艺菲　李　梁　许　蕾

编　　委（按拼音排序）

陈小珍　范　娜　高鸿蕾　高　静　何秀丽

黄一萍　李　波　刘朝霞　束　妮　王　慧

杨　华　袁子怡　翟璐璐

特别支持（按拼音排序）

鲍春蕾　常　旌　陈　春　陈宏民　董　刚

高晓光　蒋　炜　李　楠　李少渤　路　琳

彭　娟　彭小飞　孙丰伟　孙桂娟　童国兵

王国辉　王　猛　伍青生　许振杰　宣廷新

叶晓威　尹海涛　应秀珍　余明阳　张雁飞

张　永　赵慧娟　赵　鹏　周玉波

申万宏源集团股份有限公司

上海市科学技术委员会

序　言

百年变局叠加世纪疫情，全球进入新的变革期。中国作为大变局中不可忽视的重要力量，在政治、经济、文化等各领域的地位和影响力不断提升，显著地推动了世界格局和国际秩序的变革。事物的发展变化都是与时代变迁相结合的，商学院作为经济与管理实践的探索者和研究者，尤其需要不断进行理论和实践的创新与完善，以适应时代的浪潮。

商界变革日新月异，新模式、新业态和新格局不断涌现，政府、企业家和学者也随之面临新的问题和挑战。在这样一个复杂多变的时代，商学院理应加快发展改革的步伐，去迎接新挑战，解决新问题。变革带来的不仅仅是挑战和困难，还孕育着巨大的机遇。唯有不断学习、不断创新，才能应对百年未有之大变局，去迎接充满机遇与挑战的未来。作为有担当的中国领先的商学院，上海交通大学安泰经济与管理学院一直把帮助企业成功破局、顺势而上，进而推动地方经济的发展，作为自己的使命和责任。依托自身的科研优势和校友平台，我们不断进行理论创新和人才培养，为服务企业和贡献社会打下了坚实的基础。

在一代又一代交大安泰人的不懈努力下，安泰经管学院取得了长足的发展，目前已经稳居中国商学院第一方阵。安泰率先获得了三大重要国际认证，在国内外许多学科评估与排名中都取得了优异的成绩，在人才培养方面也硕果累累，能来安泰学习是无数年轻学子、优秀企业家、社会精英的梦想。经过多年的积累，安泰经管学院已经具备了丰富的办学经验和深厚的办学基础，为继续前行、探索中国经济管理理论和实践创造了良好的条件。

2018 年，安泰经济与管理学院在建院 100 周年之际，再一次踏上了改革发展新征程。学院提出了"纵横交错，知行合一"的发展战略，旨在于传统的、学科导向的横向研究模式基础之上，建立以行业问题为导向的纵向研究模式，打造学术研究与行业研究交错发展、相辅相成的新局面。为此，学院推出了"全光谱考核评价体系"，把原来比较单一的价值体系转变成一个多元的价值体系，鼓励教师们在更宽广的天地去实现自己的人生价值。在未来的安泰，大家将会看到一个穷理与务实紧密结合的新商学模式。

人才培养是一个长期和持续的过程，需要资深的专家师资、专业的培养体系和成熟的培训团队进行引领和推进。交大安泰经管学院高管教育中心作为学院的对外窗口，秉承"中国智慧、国际视野"的理念，致力于打造和培养引领中国、改变世界的创业创新型商业领袖，从企业高管层面帮助企业更具竞争力，从政府管理层面推动国家经济发展。在全球最权威的英国《金融时报》的高管教育项目排名中，高管教育中心以其卓越的项目设计、课程开展、师资与国际化实力，三年平均排名亚洲第一，为众多的校友企业和政府部门提供了针对性的课程体系和整体性的培训解决方案，真正为企业的发展和破局提供了智力支持和资源支持。

《中国商学院管理思想践行》就是交大安泰人的管理理论研究成果和商业实践成绩的沉淀与升华。从 2016 年开始，高管教育中心每两年出版一本，持续关注授课的学者和专家对经济形势、行业趋势和经管理论的真知灼见，为企业家和管理者提供理论支持和管理建议。同时，我们对校友企业家们进行深度访谈，了解行业现状和发展困境，关注先进的管理思维和有效的人力资源建设对企业进一步发展的作用。

纵横交错，开行业研究之先河；知行合一，谱商学教育新篇章。商业世界未来还有很多思路和模式需要不断探索和创新。将来优秀的行业领袖，一定是既懂技术又懂管理的复合型人才。交大安泰也将背负起教育改革的历史使命，贯彻"纵横交错，知行合一"的发展战略，围绕"管理理论与行业实践结合"这一核心，继续探索行业研究与行业实践相结合的路线，打造产学研资用相结合的生态圈，一起探索未来，开拓未来，洞见未来！

编　者

2022 年 6 月

目 录

推动社会经济发展

完善经济管理理论

扎根中国管理实践

鲍春蕾

始终"超越期待"

鲍春蕾

博彦科技（上海）有限公司总经理

浦东新区企业家创新领导力发展计划（第 2 期）学员

编前语

优秀的科技企业历来是"稀有物种",它的成长,需要天时地利,更需要经受风雨洗礼。

从一家软件外包科技公司,一步步发展为面向全球的 IT 咨询、产品、解决方案与服务提供商,在加入博彦的这 15 年里,鲍春蕾见证了公司从"哪里有软件外包服务,哪里就有对手"到"竞争对手只有自己"的巨大转变。

鲍春蕾于发展起步期加入博彦,凭借在贸易零售行业、汽车行业知名企业担任管理者积累的丰富经验,带领团队对传统业务进行整合优化,同时不断拓展新业务,直接推动博彦上海成为公司的全球研发中心。

作为管理者,鲍春蕾始终以一种乐观积极、学无止境的态度去拥抱变化。

从传统行业到科技企业,完成这一精彩跳跃的,是她对自我能力的不断超越和从未止步的学习。据不完全统计,加入博彦科技 15 年来,鲍春蕾带领团队承担各级政府课题共计 16 项,申请知识产权近 40 项,推进了"产、学、研、用"的跨越式发展,带领博彦上海取得了长足的进步。

"超越期待、尽善尽美",于鲍春蕾而言,15 年前,她因博彦的价值观感召而来,15 年后,她也以自我发展,去秉持初心,践行着这一价值观。

自我突破
步履不停，实现快速成长

23 年前，北京航空航天大学的 4 个年轻人自主开发了"启明 DOS"和"启明 Page"软件，这是 DOS 系统汉化的代表性软件。其后，微软进入中国市场，急于寻找 Windows 95 操作系统的汉化和本地化测试团队，机会再一次找到了这 4 位年轻人：一家朝气蓬勃的本土软件企业"博彦科技"就此诞生。成立之后，它果然超越了发展预期，协助 Windows 系统势如破竹地全面打开市场。

经过 20 多年的发展，博彦科技如创始团队最初的设想一样，始终以"技术和创新"为核心竞争力，以"超越期待、尽善尽美"的原则坚持服务创新，成长为一家面向全球的 IT 咨询、产品、解决方案与服务提供商。

无论是企业品牌本身，还是业务发展的轨迹，博彦都讲了一个好故事。这个故事感召了无数年轻有为的科技人才。

鲍春蕾正是其中之一。入职公司后，她迅速投入了对业务的学习。

"我们这个行业，客户在哪里，团队就在哪里。我加入上海团队时，主要客户有两家跨国企业，都在闵行的紫竹科技园区，于是我们就长期驻扎在那里。"从熟悉公司业务到开拓新的市场，让鲍春蕾能够快速适应行业转变的，正是整个团队对核心竞争力的专注打造和不懈学习。

在博彦，鲍春蕾的步子比之前快了很多。她将以往在传统行业积累的工作经验与科技企业的业务特点相结合，带领团队研究市场动态，优化传统业务，大力拓展新业务，面向长三角创立了杭州、苏州等分公司。

早在 2008 年，博彦科技已经具备全球范围内的交付能力，可以为全球各类客户提供 IT 咨询、应用程序开发和维护。2021 年，是博彦科技成立的第 26 年。这一年，作为国内领先的软件技术服务供应商和最大的软件出口企业之一，上海公司迎来了新一轮快速发展。

超越期待
实现"产学研用"全能发展

进入科技时代，科技公司的业务模式和团队都在不断经受着市场变化的冲刷，能跑出线的必定"身怀绝技"。

鲍春蕾认为，之所以能够站在行业的最前沿，博彦上海靠的是以"技术和创新"为核心竞争力，以"超越期待、尽善尽美"为原则的完善服务。

"国内极具优势的创新应用环境为博彦的创新发展带来了良好契机。"鲍春雷透露，2012 年，博彦在公司内部成立了创新学院，对内孵化新项目，借助张江科学城的环境优势成立了全球科创中心，来自美国、日本、新加坡的创新成果由全球科创中心进行统筹，而国内丰富的应用场景又为创新成果的落地乃至产业化发展提供了机会，从创新研发到实际应用形成闭环，科技引领的产业赋能成为可能。

鲍春蕾也抓住这一契机，努力奔跑。

近年来，鲍春蕾积极带领团队承担各级政府课题共计 16 项，申请知识产权近40 项，极大地推进了公司"产、学、研、用"的发展。这些成果也得到了行业和政府部门的肯定，几年间，博彦上海先后获得了"上海市高新技术企业""名牌企业""服务贸易重点企业""战略规划布局重点企业""上海名牌企业"等荣誉，通过了 CMMI5、ISO27001、9001 等一系列国际资质认证。

但鲍春蕾并未止步，于她而言，无论是个人还是公司，"超越期待"，最重要的是超越自己。

2020 年新冠肺炎疫情期间，团队并没有停下脚步，在完成江苏亚银收购的同时，还取得了"科技小巨人"奖项，该奖项围绕技术实力、盈利能力、社会贡献对企业做全方位考量，是上海市颁发的最高科技类奖项。

博采"彦才"
成就优越人才生态

博，多也；彦，人才。

把对人才的渴求和尊重放在品牌里的博彦科技，把科技企业对人才的培育和成全，做成了行业典范。

对这一点，长期从事管理工作的鲍春蕾，感慨更为深刻。人人都知道人才是企业的根本，但如何把这句话变成制度，变成企业的生态，却很少有人说得清楚，更遑论做到。

"在业内，博彦是'黄埔军校'一般的存在，光是员工的正常流动，就为这个行业带去了很多一流的人才。"鲍春蕾口中的几个博彦科技的前同事，如今都已经成为行业科技企业的领军人物。

在她看来，博彦科技是复合型人才成长的沃土。一方面，员工通过个人努力从职能岗转向技术岗的案例比比皆是；另一方面，博彦整体的学习氛围和业务潜力，也让员工为自己设立了更高的目标，"真正实现了员工与企业相互促进、相辅相成"。

鲍春蕾就是最好的例子。

几年前，她报名参加了上海交大安泰经管学院举办的上海市科技企业家创新领导力高级研修课程，直到今天，她仍感到那次研修课程对她"影响最为深远"。"交大安泰的课程设计合理，从导入模块到创新领导到思维拓展，有人文精神，有高端对话案例，还有海外和国内的游学，这都是我所需要的。尤其是国外游学大大拓展了我的视野，很多问题看得更透彻了。"

"交大安泰的课堂在我眼中更像是一个平台，说'一次学习，终身收获'也不为过。"鲍春蕾表示，包括博彦上海的孵化器项目中创新 AIOT 的项目，就是与当年的同学进行的合作。

博采"彦才"，而后机会云来。

立足优越的人才成长生态，鲍春蕾和博彦科技的未来必将"超越期待"。

常　旌

逐梦中国

常　旌
森萨塔科技全球高级副总裁、亚太区总裁
上海市科技企业家创新领导力高级研修课程（第 1 期）学员

编前语

森萨塔的英文名是"Sensata"，源自拉丁语"sensate"，意思是"天赋感知"。

天赋感知，不仅凝聚了森萨塔科技的核心竞争产品——传感器的特质，也冥冥之中对应着这个跨国企业的独特特质。

在森萨塔科技，高效的协同合作成为企业文化的鲜明特色。在内部，聚集精英人才和谐共事；在外部，对行业发展、未来趋势灵敏感知，在急速变化的发展环境中，持续开拓行业新兴业务。

作为森萨塔科技的亚太区负责人，这一特质在常旌身上表现得更为明显。

2011年进入森萨塔科技之后，10年间，常旌从中国区副总裁，到全球高级副总裁、亚太区总裁，对于跨国企业如何在快速发展的中国市场找到最好的发展方式，常旌看得非常清晰。

他的答案非常明确：国际化趋势不可避免，产业链深度融合是关键。

在常旌的领导下，森萨塔科技注重打造产业链的深度融合，持续加大在电动化、智能网联和自动驾驶等相关领域的本土化深耕力度，尤其在芯片相关产业上，打造"你中有我，我中有你"的血缘关系，全面助力国内汽车产业的长足发展。

常旌曾多次表示森萨塔科技立足中国市场的决心，"我们是全球最大的独立汽车传感器供应商，未来，希望用我们最新的技术和全面的能力为中国本土新能源产业，包括汽车产业的发展尽自己的微薄之力。"

"我们相信，森萨塔科技能够在中国市场大有作为。"对于中国市场的发展，常旌信心十足。

加码疫情后中国市场
深度融入产业生态

在 2021 年的第二季度及上半年财报中，森萨塔科技表现依旧抢眼。

财报显示，在中国，森萨塔科技乘用车、重型车辆、非道路机械和工业领域等业务均创新高。随着疫情防控的进一步常态化和市场的全面复苏，森萨塔科技有望在此基础上迎来新一轮的增长。

这一成绩在常旌看来，表现好于预期，特别是国内市场，森萨塔科技汽车业务走出了一波逆势行情，整体业务呈现上扬态势。

在常旌看来，森萨塔科技汽车业务逆势增长，背后有几个重要的驱动因素。

"第一是胎压监测管理系统（TPMS）强制性国标的正式实施，而 TPMS 正是森萨塔科技的拳头产品。第二是国六排放标准的刺激作用。"据常旌介绍，国六排放标准的实施对于森萨塔科技相关传感器的业务发展起到了很好的推动作用。

此外，常旌表示，森萨塔科技面对疫情后的市场采取了有序的应对措施，为其业绩增长提供了重要支撑。由于部分芯片和原材料仍需从海外进口，新冠肺炎疫情初期对森萨塔科技的供应链确实产生了一定的影响，但之后通过与供应商、物流商、政府等多方积极协调，森萨塔科技顺利保障了客户供应。"通过在本土市场的加码，不仅顺利解决了供应链问题，还整合了资源，优化了产品服务。"

"这次疫情也给了我们很好的启示，就是要切实做好本土化。除了之前常规的跟合资品牌的合作之外，我们还加大了与自主品牌的合作开发，包括芯片在内，真正实现产业链的本土化，打造具备活力和弹性的产业生态。"常旌表示，森萨塔科技持续看好中国及亚太市场的发展形势，将继续稳定提升其在中国市场的占有率。

布局新能源汽车领域
提供全系电动化解决方案

2020年开始，新冠肺炎疫情后的国内新能源汽车行业逆势走出了新行情。国内新能源汽车的快速增长，让很多汽车零部件企业瞄准了电动汽车领域。

森萨塔科技积极顺应这一趋势。

"森萨塔科技作为一家在新能源领域布局多年的供应链上游企业，目前已经完成了高压直流接触器、高压直流智能保险丝、电机转子位置传感器、电池压力传感器等产品的布局。"常旌介绍，森萨塔科技将电动化作为未来业务的重点发展方向之一，致力于打造全系列电动化解决方案，并不断加大在国内新能源汽车领域的研发和生产投入。"尤其是对很多电动车发展中的安全问题，我们根据国家的相关政策要求和指引进行研发，提供更好、更安全的解决方案。"

常旌透露，近两年，新能源汽车自燃事故成为安全问题高发地带，森萨塔科技针对电动汽车动力蓄电池的安全问题，快速反应，自主研发了一套解决方案——动力电池热失控智能监测方案。这一方案中，智能电池包压力传感器作为核心部件，能够24小时不间断地监测电池包的状态，即在汽车开动时正常运行，在停车模式下自动进入低功耗的自诊断和预警模式。"无论何时，只要监测到电池包内压力异常，就会立即唤醒电池管理系统（BMS）进行处理，最大限度地保障动力电池的安全性。"

动力电池热失控智能监测方案只是森萨塔科技众多解决方案的一个缩影。在常旌看来，森萨塔科技的中国战略十分清晰：

积极响应国家《新能源汽车产业发展规划（2021—2035）》、国家四新及长三角发展战略，确保森萨塔科技在华投资的不断追加和落实，参与并探索在中国本土的合作。积极促成与合资、本土汽车制造商在中国新能源、智能网联、自动驾驶等领域的深入合作，引入森萨塔科技创新技术成果，包括行业领先的电动化解决方案、工业领域配套解决方案、国六汽油和柴油减排的技术解决方案等。

企业文化本土化
做"能跳舞的大象"

随着全球化的加快，像森萨塔科技这样"大象级别"的跨国公司，在融入当地产业生态的过程中，开始呈现出鲜明的本土化特点。

"我们要做'能跳舞的大象'，"作为亚太区多样而庞大团队的管理者，常旌这样形容森萨塔科技的企业组织和文化特色，"在我看来，很多跨国公司还没有像森萨塔科技这样，做到本地化的授权、本地化的管理、本地化的决策。但是如果没有这样的速度，是很难适应快速发展的中国市场的。"

在森萨塔科技的这 10 多年，常旌对跨国企业的管理有了更深刻的体会："一方面有机会学习全球化的先进管理体系与管理制度，另一方面要探索如何将其融入本地化运营需求的实践中，'洋为中用'，无论是对团队整体能力的提升锻造，还是个人领导力的实现，都大有裨益。"

除了在企业管理实践中提升，常旌也选择了专业课程进行自我提升。2020 年，他参加了上海交通大学安泰管理学院的上海市科技企业家创新领导力高级研修课程，系统地学习了企业管理和行业发展等内容。

"在中国，一个公司从无到有、从小到大的发展历程，对我来说，是非常具有启发意义的。"常旌表示，交大安泰管理学院的课程质量本身比较高，既涵盖了最新的互联网科技案例，也涉及消费需求的角度，包括企业发展融资等在内，非常全面，"对于所有关注中国市场发展的企业来说，都非常具有价值。"常旌透露，正是因为这种收获，他也在鼓励并安排团队中更多的伙伴来继续学习。

陈　春

让零售更有温度

陈　春
上海先达企业发展有限公司董事长
上海市"专精特新"中小企业领军人才培训班（浦江第 8 期、第 11 期）学员

编前语

商业的本质是生产力对生产关系的重塑。DT 时代，信息传输效率得到了前所未有的提升，"物联网标识"顺应时代，成为具有底层意义的基础应用。上海先达企业发展有限公司在董事长陈春的带领下，从 20 世纪 90 年代起率先推动条码技术在零售业的全面应用。2020 年，先达的物联网产品及应用销售额高达 4.8 亿元。

陈春认为，从零售到新零售，"数字化转型"不是口号，而是未来，"物联网标识"是企业不得不迈的一道技术门槛。"物联网标识技术的应用切口小到可以忽略，可市场潜力却大到不容忽视"，又是一条万亿元级的赛道，陈春带领先达走在行业前列，已经赢了一半。

与"专业过硬"同样重要的是"企业管理"，陈春参加了上海交大举办的"专精特新"领军人才培训班，为自己的职业生涯找到了新的动力。具有前瞻性的内容、经验丰富的老师以及贴心的课程安排，为他解决了许多企业实战中的问题，通过学习，他更新了思维，拓展了视野，点亮了思想，也对"做强做大企业"有了更为深刻的理解。

零售与供应链的颠覆式创新
陈春率领上海先达实力卡位

"心心念念的圣诞节礼物，挪威进口的冰鲜三文鱼刺身，带着北海道气息的新鲜出炉的抹茶蛋糕……"一股脑丢进购物车完成付款,剩下的就是耐心等待。其间,你可以时不时地翻看手机查询物流,来自不同产地的货品正在实时奔赴目的地。甚至,这批刚刚用完,便马上有信息提示最新折扣。

这些稀松平常的生活体验如今已无需刻意想象,它就是你生活的一部分。这一切都有赖于物联网标识技术的应用,它对新零售行业的推动起到了难以替代的作用。

上海先达正是这样一家利用互联网技术,为零售商提供智能应用解决方案的服务商。沉淀近30年的零售管理应用经验让企业成为百强品牌最热衷的服务商。技术领先、洞察敏锐、反应迅速、具备专业能力的企业一直跟着市场需求走,业务增量便是水到渠成。从之前的家乐福、全家、沃尔玛、欧尚、大润发、麦德龙到如今的叮咚、盒马、永辉、美团……先达物联网标识技术已成为行业应用的领头羊,重点打造的"智能零售"应用,为零售、先进制造、现代物流、政府服务、医疗机构提供应用集成咨询和服务。

陈春认为,优秀的企业都具备"纲举目张、'弃'往开来"的能力,与一线品牌的合作加速了先达的成长,与生鲜行业巨头"盒马"的合作就是典型案例。

时间退回到2015年,整个市场对于"新零售"还处于懵懂状态,盒马的模式也只是一个犹如电光石火般的商业灵感,陈春带领团队与盒马的合作,更像是一次共创般的试水,"便携式数字处理器"俗称"PDA"是他们合作的首款产品。

他回忆说:"先达派出了一支工作组深入盒马内部,对业务特点和需求进行全面梳理和点对点沟通,整理出一整套设计需求并根据现有技术对产品进行反推,最后成功设计出一款名为'鲨鱼'的手持式PDA设备。这是一款完全定制的超强体验感的设备,它集合了数据采集、查询、录入等强大功能,同时还防水防摔,电池续航能力强,同时,我们采用符合人体工程学的设计,抓握感强、使用舒适。这款产品当时'一炮而红',为我们赢得了客户的信任,为后续的合作顺利打开了局面。"

这类定制化的服务和开发,短则半年,长则一两年。在充满变化的时代,企业一定要具备触类旁通的能力、一些些勇敢以及很多的坚持。陈春认为:"想象中的痛点也许并不是痛点,只有深入一个行业,将专业发挥到极致,开创性地做些事,才能更准确地找到痛点,实现技术上的创新落地。"

除了已有技术的多场景应用,先达还尝试在数据采集这类底盘技术的基础上搭载人工智能等新技术,实现现有业务的突破。陈春介绍说:"我们现在去超市购买苹果，需要挑选、装袋、称重、付款，一系列动作很复杂，我们想在这个过程中加入智能技术，通过扫描直接抓取单个苹果的价格，不再需要装袋、称重就能直接付款，不仅简化了消费环节，还减少了标签的损耗和污染，这类技术的拓展意义很大。"

企业续航能力依靠专业人才
技术持续拉动，做行业的"隐形冠军"

快速起飞的物联网已经成为未来经济的新引擎，近年来，我国物联网的年均增长率达到 30%，预计到 2025 年，物联网设备数量将接近 1 000 亿元，传感器的部署速度将达到每小时 200 万个。物品之间的链接范围直接决定了物联网的行业价值，而一家企业能创造多大价值则取决于能够实现多大范围的物物链接。规模价值和商业价值的实现，都有赖于行业顶尖人才的布局。

通过服务反推技术升级，形成行业壁垒，陈春在人才管理和发展方面也有相当深厚的经验。"我们团队的年轻人比较多，他们在引进—消化—独创方面的能力很强，无论是技术本身还是应用层面，与具体业务结合需要下真功夫。以研发团队为例，他们的最大优势就是深入一线，与客户深度沟通，基于实际场景和具体需求来设计产品，而不是'闭门造车'。在实际管理中，我们的产品经理模式也发挥了强大作用，从研发到投产，全线掌握情况，协同开发，以客户的真实需求拉动我们的技术研发，形成了良性互动。"

技术领导型企业的专业人才对企业发展具有非同一般的意义。在陈春眼中，专业知识很重要，在专业基础上了解客户的痛点更重要。在采访中，他感慨地说："我们不能拘泥于技术本身，而要以应用落地为主线。各个专业的研发人员要'上下一盘棋'积极投入研发，把企业做强、做大，在一个优秀的平台上做事，也能帮助专业人才快速发展，人才是企业的'续航能力'，这是非常重要的。"

目标精准，坚定信念
拥抱梦想，带企业做行业的"隐形巨鳄"

近年来，企业不断在以零售为主的新场景上进行应用与创新，布局智能硬件、应用方案、增值服务等几大业务板块，并根据不同业态的特征及需求，为新零售赋能，聚焦数据交互和采集应用场景，通过定制化智能设备的研发和应用，为新零售构建多维的生态圈。在融合智能制造方面，先达着眼于"生产精益化、仓储智能化和物流可视化管理"，为客户定制了一系列产品和服务。

这一切都与一个保持学习且极具行业眼光的领军人物分不开。在业内，陈春个人十分有影响力，他始终在大力推动条码标准化、国际化进程，参与制订国家标准2项、行业标准9项，同时还参与了行业专业书籍的编著，拥有1项发明专利、92项软件著作权，还有多项申请中的技术专利。

与"专业过硬"同样重要的是"企业管理"，陈春参加了上海交大举办的"专精特新"领军人才培训班，为自己的职业生涯找到了新的动力。

他说："上海交大给我的印象很深。课程内容实用丰富，非常具有前瞻性；老师经验丰富，教学非常用心，为我们解决了许多企业实战中的问题。通过学习，我实现了'去旧图新'式的思维更新，拓展了视野，点亮了思想。我在班级里还担任班长，印象最深的是参与企业走访活动，开阔了眼界，也更加坚定了我对一些趋势的判断。这类走进头部企业的活动非常有价值，同学们彼此交流心得和感悟，站在趋势上看自己的行业，非常重要。"通过学习，陈春从和自己一样的企业管理者身上看到了许多共性特点，比如坚定信念、目标精准，坚持自主创新，对"做强做大企业"有了更为深刻的理解。

如今的先达已经从行业里浮出水面，大有走出行业的趋势。2021年的"五一"劳动节，先达用"不要蛮干，要开挂"来勉励员工，"所谓的擅长，是28年的不断积累，累了就休息，醒了就拼尽全力"。作为企业的灵魂人物，陈春认为："只要相信，一切美好终将慢慢发生。"

董　刚

找到"基业长青"的钥匙

董　刚

东丽工程株式会社理事、上海华丽工程技术有限公司董事长兼总经理

高级工商管理课程研修班（2020 年春）学员

编前语

近年来，高端材料核心技术的发展突破进入关键期，未来10～20年，新技术和新材料将为信息、能源、医疗等领域带来颠覆性影响。

在这轮发展中，中国已不仅仅是旁观者而是亲历者，中国市场也不再是单纯的消费市场，而是以消费带动创新的头部力量，是全球科技产业化的重要成长极，更成为国际巨头全球化战略中不容错失的机会。

全面负责东丽工程株式会社在中国的相关业务的负责人、上海华丽工程技术有限公司董事长兼总经理董刚，正是此轮趋势的见证者。

在采访中，董刚结合多年的行业经验，对公司业务和未来机会进行了详细的介绍，对中国市场在相关领域的未来发展更是充满了信心，"尤其高端设备和材料部分，中国的发展速度极有可能实现行业领先"。

同样让他深信不疑的，还有与行业发展时刻保持同步的"自我迭代"以及对个人能力提升的持续投入。在经历过大学任教、留学日本、进入日企、转战国内的漫长历程以及由技术岗位转向企业管理的自我更新后，董刚认为，"时时提升"才是最重要的人生信条。

为了更好地将日企文化与国内的管理生态深度融合，董刚选择了上海交大安泰管理学院进修了高级工商管理课程，将理论学以致用，找到了外企扎根本土"基业长青"的那把"钥匙"。

教育市场也被市场教育
不断更新以求"共赢"

董刚于 20 世纪 90 年代中期加入日本东丽工程株式会社，历任主任工程师、主席工程师、海外事业企划部长等职，曾参与并主导过半导体及 FPD 相关设备的研发和设计工作，如半导体自动检测（AOI）、FPD 自动光学检测、2DCode 打码读码系统设备等。这些设备的研发，在节省人力、降低成本、提高效率等方面发挥着举足轻重的作用。

在日本的工作经历让董刚完成了基础技术积累，他一边工作一边留意公司在中国的发展机会。2004 年，东丽工程株式会社决定在中国设立分公司，董刚借此机会回到国内，重点负责上海华丽工程技术公司平板显示、半导体及锂电池等相关设备在国内的业务拓展。

董刚身上有着上一代知识分子的典型特征，尽管技术过硬，管理经验丰富，"60 后"的他目前依然保持着"打开"的状态不断"吸收"和"汲取"，与行业发展同步，以企业管理者和业务带头人的身份活跃在业界。

在 2021 年国际显示产业高峰论坛等行业峰会上，董刚多次以嘉宾身份受邀出席，围绕"Micro-LED 显示量产设备"进行演讲分享。采访中，他也兴奋地提到了这项具有划时代意义的技术，"Micro-LED 是继 LCD、OLED 之后的新一代热门显示技术，无论色域、亮度、功耗还是寿命都明显优于目前的主流产品。Micro-LED 制造有多种解决方案，其中基于激光技术的'巨量转移'是最核心的思路，凭借此前的技术积累，我们于 2015 年投入研发，已经摸索出了一套相对完整的 Micro-LED 制造解决方案。"

目前，董刚所在公司的研发团队正在开发更大面积的巨量转移设备，可以想见，不久的将来，一旦与 Micro-LED 相关的新材料、新设备和新工艺打通实现量产，整个行业将迎来翻天覆地的变化。

董刚感慨地说："20 年前，中国还只是简单的技术引进，这几年，国内的屏显技术已经走在了全球前列，堪称从'量变'到'质变'。我本人感到很欣慰，因为国内的技术越成熟，生态越完善，就越能带动我们这类设备和材料供应商在技术上实现新跨越。"

连续 11 年增收增益
处处"快人一步"

宽松的创新环境、丰富的应用场景造就了巨大的市场需求，也势必为技术更新、企业进步提供良好土壤。进入中国 30 年，东丽集团几乎所有的业务都在国内落地开花，中国市场的销售已占东丽集团全球销售额的近 1/4。集团在中国的几十家分公司中，董刚带领的上海华丽工程技术有限公司做到了连续 11 年增收增益，业绩名列前茅。

随着国内新能源、碳中和战略的广泛兴起，更多的机会已经快速到来。

在董刚看来，东丽工程集团在国内的机会之一是"锂电池"业务，"国内新能源车的前景非常广阔，这也是近 10 年来我们一直非常重视中国市场的原因。行业虽然起步晚，但发展势头猛，全球锂电池装机量排行前两位的都是中国公司。相比之下，我们的优势在于技术积累，我们有 30 年的锂电池成套设备研发生产经验，目前已与国内数一数二的企业保持良好的合作关系。未来我们会重点关注锂电池设备的生产效率、替代材料、电池安全以及生产过程中的能耗问题。"

企业成长需要机遇。董刚认为，上海华丽做对了两件事：一是技术的差异化，二是服务的快速响应。"以'巨量转移'为例，LED 灯做到微米级就无法使用目前的接触方式进行检测，为此，我们专门研发了非接触荧光检测设备，这个设备全球仅我们一家，只有我们技术成熟。技术差异能使我们比别的企业走得更远一些。服务方面，我们在深圳、北京、成都等地都建立了分部，从而能更贴近客户，更快速地解决问题，凭借'快人一步'的服务精神打响品牌知名度。"

稳定团队发展
传统文化与现代管理双管齐下

2022 年，上海华丽工程技术有限公司即将迎来自己的 20 岁生日，从最初被派往中国的三五人小团队到如今 150 多人的成熟企业，从试探性地在国内开展业务，到国内业务越来越占主导，上海华丽的发展史也是跨国集团不断融入国内生态、管理方式渐趋本土化的真实写照。

"企业要为员工创造一个稳定的工作环境，提供丰富的学习资源，鼓励个人有明确的成长目标。一家企业要能通过创新持续为社会创造价值，要在竞争环境中守住底线、维护声誉，同时还要重视人才，善于倾听员工的声音。"在上海华丽，10年工龄的老员工比比皆是，员工的稳定性来自科学而温和的管理方式，来自企业给予的强烈的安全感。技术出身的董刚在企业管理方面虽然没有现成的经验可供参考，但他直觉敏锐、真抓实干，而且始终很清楚"企业需要什么人，又将走向何处"。

除了通过日常工作总结经验，董刚还参加了上海交通大学安泰经济与管理学院高管教育中心的高级工商管理研修课程，在企业经营管理尤其是业绩管理、人才培养、风险管控、企业定位等方面收获颇多，课程帮他系统地构建了一套完整而实用的理论框架和实践标准，"不仅让我掌握了理论知识，还能提升实战能力"。

董刚表示："我当时对中国传统文化和企业管理创新这个议题印象深刻，日企强调用规章制度管人，而国内员工普遍接受正统教育，或多或少地受儒家文化影响，所以企业管理一定要理解每个人的文化背景和教育环境，西方管理方式在国内的实际应用中需要微调，那一课为我的管理创新开拓了思路，直到现在仍然受用。"

高晓光

我们的未来是星辰大海

高晓光

歌尔股份有限公司高级副总裁

中国 CEO 创新管理高级研修班（第 43 期）学员

编前语

高晓光是幸运的，站在智造企业的风口浪尖，亲历科技进步不断开拓着技术和产品的边界；在颇具影响力的企业，从基层做起，一干就是20年，自己的职业生涯也跨越式地步入了崭新的高度。

一个人的20年，可能是于无声处的寂寥，也可能是为梦想拼尽全力，高晓光显然属于后者。他于2001年6月加入歌尔股份，从业务员起步，历任项目经理、市场部经理、电声器件市场部总经理、市场本部副总裁、销售本部副总裁、总裁办公室负责人、营销体系负责人等重要职务，现任公司高级副总裁，分管人力资源本部、干部部工作，同时还兼任深圳歌尔泰克科技有限公司总经理。

这个时代，个人命运与企业甚至行业紧紧连在一起。作为国内数一数二的智造企业，歌尔的一条条生产线载着最新的微型扬声器、智能穿戴产品、无线耳机、智能音箱、游戏手柄等精密零组件和智能硬件产品加速走进千家万户。对企业的最佳助力，是他带领团队打磨出的一套科学高效管理体系，为企业储备了一支强悍的技术型人才队伍，在业务推动上发挥了至关重要的作用。2020年，歌尔股份全年营业收入577.43亿元，同比增长64.29%；实现净利润28.48亿元，同比增长122.41%；VR中高端产品出货量占据市场50%以上的份额。

在高晓光看来，企业和个人的发展是息息相关的，耀眼的成绩来自极具前瞻性的战略。他职业生涯的每一步，都源于对个人发展的深度思考，而非当下的是非得失。无论身处何种职位，变化的只是角色，不变的还是"成长"，他深知学习对于适应变化的重要性，并利用各种机会为自己更新知识体系。受益于上海交通大学安泰管理学院 CEO 创新班的学习，他在工作中不断实践管理、创新管理，并牵头为企业引入上海交大的专业力量助力干部培养计划，他用 20 个字总结了自己的学习成果：丰富知识、提升能力、更新理念、增长智慧、受益匪浅。

技术
打造核心能力是立身之本

服务歌尔 20 年，在高晓光眼中，歌尔的每一步，都是自己亲历的"历史"，他说："技术领先是企业的'立身之本'，我们不遗余力地在技术上构建自己的核心能力。"

在研发方面，企业持续投入，目前已累计申请超过 22 000 项专利，专利授权量超过 10 000 项，已连续 5 年获得中国电子元器件企业百强研发实力第一名，在多个精密零组件和智能硬件领域具有全球领先的综合竞争力。

在技术方面，高晓光对集成式传感器的研发印象最为深刻。由于国内技术始终与欧美日韩存在差距，2016 年，企业正式组建团队向"集成式传感器"发起攻坚。研发团队从零起步，开发出 10 余套方案并反复测试，经过综合评估，最终研发成功。由此，这项门槛极高且困扰国际行业客户多年的技术得以破解，填补了整个传感器行业的技术空白。高晓光深有感触地说："这样的例子还有很多，因为技术和研发始终走在前列，于业内，歌尔是'技术优势'的代言人；于客户，歌尔则是'高质量交付'的保证。持续突破和精进，这是包括我在内的所有员工始终坚持的信念。"

除了技术领先，对局势的准确把握和对未来的深刻预见，让歌尔股份一路走得很稳。在从"商业模式竞争"逐步向"产业布局竞争"过渡的时代，只有深入行业，扎根专业，才能具备这样的眼光，才能找到企业在市场的一席之地。

眼光
审时度势保持竞争优势

谈到企业的战略眼光，高晓光十分自豪地说："我们在技术和人才方面的布局相当具有前瞻性，以自动化设备为例，经过多年积累，我们已掌握核心技术，匹配上先进的制造工艺，在未来 5～10 年，我们依然能保持相当大的竞争优势。"

由于坚持"零件 + 整机"战略，企业一方面通过加大研发投入，稳定主营业绩；另一方面通过前瞻布局，以智能无线耳机、虚拟现实等产品为突破，带动业绩的显著增长。歌尔在微型扬声器 / 受话器、微型麦克风、虚拟 / 增强现实、智能穿戴产品、无线耳机、游戏手柄等多个细分领域占据行业领先地位，在 MEMS 领域是中国唯一进入全球前 10 名的企业。

放眼全球，国内的智能科技产品正在国际市场崭露头角，顶尖制造企业能以技术优势承接国际大客户的订单，除了成本方面的考虑以外，资源整合优势明显，技术能力突出，才是最重要的原因。

对此，高晓光表示："国内厂商的生产资源包括土地、厂房、原材料都很丰富，加上国内工业体系健全，大部分模具、原料、零组件可以不依赖进口，加上技师、技工类人才足够专业，让歌尔在国际竞争中能够立于不败之地。"

人才
一起创造，一起分享，一起成长

在极具科技感的公司网站上，有这样一段描述："歌尔是一家锐意进取、开拓创新的公司。以科技应用为基础，实现健康与美的价值，让我们的员工、股东、客户、合作伙伴以及社会，因歌尔而更加美好。"We make it together——我们共同打造，是企业始终坚持的价值观。

这个时代，一些公司快速下沉，而另一些迅猛崛起，对于后者而言，"人"才是决定因素。这就回到了高晓光的专业，在企业内部管理方面，他有一套教科书般的打法。

截至 2020 年，企业已有近有 8 万名员工。专注于人的成长与发展，是高晓光在内部管理上始终坚持的原则。他介绍说："技术驱动型企业，人才最重要。我们的管理技术人员占员工总数的 1/4，企业还很小的时候，我们就办各种各样的培训班和职业考试。有一年，潍坊举行全市质量工程师考核，我们员工的通过率占总数的48.8%，连司机班的司机都在学习质量管理。"

有的放矢的培训对员工能力的提升是相当有效的，高晓光带领团队建立了一套完整的人才培养体系，比如专门培养干部后备力量的 G Plan，针对校招生的"歌尔之翼"，等等。良好的发展机会，让员工与企业形成了"集中学习—能力提升—实际应用—共同发展"的良性循环，也进一步为人才的"稳定性"打下了良好基础。

在企业文化建设方面，高晓光和团队也花了一番心力，不断尝试创新。2020 年新冠肺炎疫情期间，为守护歌尔员工复工，集团专门开通"返岗专列"，31 小时跨越 2 500 千米，载着上千名员工顺利抵达潍坊，平安回家。据高晓光介绍，以创造良好生活为目标的"歌尔 life"，从吃、住、行、娱乐等方面入手，让员工享受生活。"员工只要进入我们歌尔，从工作到生活再到下一代的教育就都解决了。"

收获
专业是人才的成长沃土

人才的持续进步带动了企业的长足发展，企业也给予了员工持续成长的专业沃土。

从基层业务做到公司高管，从市场转向企业管理，高晓光和企业实现了同步快速成长。目前，高晓光分管人力资源本部、干部部的工作。他坦言，在高速发展的企业，"学习力"才是每个人始终要保持的核心能力。

对于上海交大安泰高管教育中心 CEO 创新管理研修班的学习经历，高晓光感触良多："对于我们这种专业领域比较强的行业高管来讲，交大的课程给我们带来的不仅仅是专业价值上的收获，也有圈层资源带来的眼界开阔，让我们对企业发展和管理有了更好的思考。"

通过 CEO 创新管理研修班的学习，高晓光开拓了视野，在管理理念、专业思路、工作方法上都有了收获。这种收获的喜悦，让他在学成归来之后，又立刻联合上海交大的学术力量，为歌尔的 G Plan 注入专业内容，针对干部队伍展开专业培训。

"我相信在交大安泰专业力量的带动下，会有更多的歌尔人得到成长。"高晓光对此充满期待。

除此之外，他还在企业内部迅速启动了人力资源变革，无论管理方式还是管理内容都更加"面向未来"，同时在薪酬福利、管理授权、公司流程上进行了不同程度的改革，让80、90甚至00后人才更加喜欢歌尔，留在歌尔。

一系列的变革让高晓光对未来充满信心："我们打破了传统的晋升机制，表现特别突出的年轻人，一年有2次提升机会，5年有望做到副总职位。这些方面确实是我在交大安泰学习后才开始尝试的，更多地做一些管理上的创新，是我在歌尔的使命。"

李少渤

唯有脚踏实地，才能仰望天空

李少渤

甜新科技（上海）有限公司创始人 CEO

上海市科技企业家创新领导力高级研修课程（第 1 期）学员

编前语

作为科班出身的通信行业技术"大拿"，李少渤在采访中表现出极高的专业度和极强的逻辑性，记者抛出的每个问题都能被稳稳接住，从行业到生态，从技术跃升到竞争格局，从中国实力到世界水平，他都逐条分析并给出结论。和创业一样，有100分的力气，他绝不允许自己只用99分。

在行业层面，李少渤算是赶上了"风口"。2019年，工信部宣布"5G商用"，有机构预测，即便5G只提高1%的效率，未来15年也将催生上百家千亿美元级的企业大鳄。"随着5G的到来，大量用户使用高清视频成为可能，基于这项技术，更多商业模式和创新业务将大有可为。"这是李少渤对5G商用的第一判断，自此，他开始了自己的第三次创业：以5G为支撑，构建全方位的视频通信产品，为企业提供一键智联视频办公解决方案。甜新科技成立5年来，以"视频销售协作、视频营业厅、智能双录、5G视频呼叫中心"构筑出全新的商业版图，"B2C视频协作应用"帮企业、机构大大节约了业务成本，提升了服务效率。

李少渤坦言："创业就像走钢丝，风险大，但看到的风景却与众不同。"的确，从外企高管到公司创始人，一站有一站的风景。他不悔当年的出走，也记得出发时的真心。相比企业的规模和前景，李少渤本人更看重的是"学习能力"。"专业能力是'基本盘'，企业管理才是对创始人的真正考验。"他毫不犹豫地参加了上海交大科创领导力一期的学习，一边创业一边重新系统性梳理企业方向和战略目标。创业不易，学无止境，理论结合实践，李少渤在创业中找到了新的起点，让他能够以更稳健的脚步，更深切、更热烈地投入未来的事业。

5G 红利强势而来
唯有创新才能乘风破浪

20 年来，中国互联网发展迅猛，通信行业得益于这波红利表现出强劲势头，企业的实力和眼光在竞争中体现出长足的进步。相比于追求短期利润，李少渤和他的甜新科技更注重长期利益价值：技术与创新才是企业快速上升的财富密码。

"熟悉行业及市场规律，尤其是中国市场运作，具有深厚的技术背景，善于把握行业规律并预判走势，组织团队不断实现创新"，这是李少渤给人的第一印象。扎根行业多年，加上过硬的专业能力，让他对通信业务有着自己的理解："5G 时代各种杀手级的应用中，我最看好视频业务，B2C 视频协作应用技术能帮企业、机构大大节约业务成本，提升服务效率。"

以甜新科技的核心业务"智慧视频展业"为例，它结合了实时音视频、H5 同屏协作、智能对话、智能展业规范、智能分析等各项专业技术能力，实现了真正意义的在线营销，业务员只需要坐在办公室就能为保险及银行客户提供销售咨询服务，相比传统的电话营销，信任度大幅增加，成单时间缩短 30%，销售转化率提升 50%，极大地提升了企业的营销效率，降低了企业的获客成本。

在李少渤和团队的努力下，这项原本重度依赖人工的服务由线下彻底搬到线上，最大限度地帮企业与客户构建出方便、快捷、高效、精准的服务体验。同时，还能实现作业全过程监控、客户数据留存，对于有风控需求的业务十分友好。他总结说："效率提升、成本下降、风险变弱，这是客户的痛点，也是甜新科技这类业务的核心特色。只有不断提升技术能力，才能满足客户的需求。技术才是企业的核心竞争力。"

找准赛道锻造壁垒
比了解自己更了解客户

对于创业者来说，比找准赛道更重要的是，你能跑赢多少竞品。面对行业的激烈竞争，甜新科技有一套自己的认知和打法。

随着赛道的不断打开，竞争力量的不断涌入，考虑"客户认不认，对手狠不狠"都是常态，技术领先、资源整合和资本运作才是企业需要思考的核心问题。李少渤认为："领先的技术是基础，具备了这点才有发展的可能性，如何把领先技术包装为产品推广给客户，需要整合行业的顶级资源。我们集合了腾讯云、阿里、百度、平安的金融一账通等，做了大量的横向资源整合。作为一家技术驱动型的企业，预见性的技术投入和更快地打开市场都有赖于资金支持，因此资本运作能力也十分重要。"

成立5年来，甜新科技致力于打造全球最好的实时视频协作云平台，业务规模迅速扩张，目前已在亚马逊云、腾讯云、阿里云部署了平台业务，五大数据节点已经覆盖了北美洲、欧洲、大洋洲和亚太地区。在国内，甜新科技与多家一线公司达成合作意向。

对于企业的未来走势，李少渤是从全球行业发展角度来考虑的。"不仅关注现在，也关注未来，不仅关注中国，更关注世界。"5G时代科技领先型企业的远见卓识，呼之欲出。

他认为，从通信技术本身来讲，国内的视频技术在应用层面已经走在了国际前列，国内的许多创新已经超越北美洲、欧洲和亚太地区其他国家。但在底层核心技术上仍然比较薄弱，"以视频通信技术为例，还是依托国外技术开源。但我们的经济实力和人才储备已经足够，只需要持续投入资金来推动底层核心技术开发，短则三五年，长则5～10年，国内的技术就会追赶上来。虽然难，但一定做得到。另外，我觉得生态需要发生变化，'术业有专攻'，做持续的长期的战略才是企业的正确选择"。

既"仰望天空"，又"脚踏实地"，甜新科技始终表现出"理想的实干型企业"的特质。"比了解自己更了解客户"，是甜新做得最艰难却又最正确的事。站在客户身后去理解业务，站在行业高度去理解服务，是甜新最重要的事。对此，李少渤认为："能够预见性地提供产品，提供专业性的咨询和服务，改变客户的业务认知方式，才是我们最大的价值。"

破题"攻守道"
系统性学习带来"成长型思维"

领导者不是天生的，而是塑造出来的。

即便连续创业积累的经验已经相当丰富，但李少渤坦言，无论对行业、创新、技术理解有多深刻，依然需要一个契机来深度思考和梳理，这是他走进交大安泰课堂最重要的原因。

创业者需要把"头部领导力"和"团队执行力"发挥到极致，如果说创业是"一边想一边做"，那么学习就是系统性梳理。而这一点，正是交大安泰课堂给予创业者的最大价值。

对于在交大安泰的学习，李少渤感触很深："创业就像跑马拉松，老是低头跑不抬头看，会让企业走很多弯路，现在反观我在创业中遇到的许多问题，简直就是必然，因为深度思考不够。交大安泰的课程弥补了这个'短板'，让我彻底地进入系统性思考。"交大科创领导力一期的课程，让他在创业的过程中找到了新起点，为以后在创业的路上继续前行奠定了很好的基础。

对于一个处于成长阶段的企业来说，能力优化是每位创始人和团队成员都亟须解决的问题，而思考和学习能力最终都将反哺于企业的成长。这个世界永远都在犒赏持续学习和思考的人，"成长型思维"才是最厉害的"攻守道"。

彭小飞

走向更开阔的未来

彭小飞

武狄实业（上海）有限公司董事长

中国 CEO 资本战略高级研修班（第 24 期）学员

编前语

2020 年新冠肺炎疫情的暴发，让所有人都措手不及。

彭小飞和她的 GT RACING 也一样。

让她没有想到的是，自己和团队还在埋头研究产品迭代，忙于布局跨境电商的渠道，突然间，就有不少媒体和第三方机构找上门来，告诉她：

他们孵化了 4 年的 GT RACING 的电竞椅产品，异军突起，以全年总销量同比增长 50% 以上的成绩，一举成为电竞椅品类全球最大的销售商，成为疫情之下跨境电商品牌的绝对黑马。

西方有句谚语："等到传言四起的时候，壶中的水已经煮沸了。"

虽然对成绩的到来措手不及，但面对 GT RACING 在境外市场获得这样的认可，彭小飞和她的团队并未被喜悦冲昏头脑。他们还是一如既往，埋头于提升产品舒适度、提高服务体验的工作上。

只不过，这一次，彭小飞对武狄实业的未来有了更明确的目标：

由 GT RACING 开始，把武狄实业打造成细分赛道的绝对引领者。

这一年，正是彭小飞创立武狄实业的第十年。

十年
一次关键转身

用彭小飞的话说，武狄实业，在 GT RACING 之前，是一个没有自我品牌意识的传统企业。从某种程度上来讲，它的发展历程，是传统贸易企业在新机遇下不断自我突破、寻求未来的缩影。

武狄实业（上海）有限公司成立于 2011 年，是彭小飞和她的先生吴鹏共同创立的。

公司创立之初，只是一家普通的传统 B2B 外贸企业，主要业务为国内家具产品的跨境贸易。

经过一段时期的发展后，传统 B2B 代工经营模式的一些弊端开始显现，如供需不旺盛、订单较少等。尤其是随着海外市场上对产品价格空间的持续挤压，公司经营面临的压力持续增长，这促使他们转型尝试跨境电商。

2016 年，在参考了客户在电商平台进行销售的经历后，他们开始直接把产品拿到电商平台上销售，自己在平台上售卖商品，正式进入 B2C 领域。

他们最开始选择的是模式成熟、流量可观的亚马逊平台。由于之前在贸易行业积累的资源和经验，他们这一尝试得到了良好的反馈。在经过一段时间的销量增长后，他们继续拓展，在美国、加拿大、日本等多个国家的电商平台上都开设了自己的店铺，销售逐年稳步提升。

这一过程中，彭小飞和团队敏感地觉察到了 C 端市场对品牌的依赖。

2017 年，武狄实业正式创立 GT RACING 品牌，注册了专门的域名，以品牌电商的身份，向 C 端独立销售产品。

2019 年，GT RACING 以高价收回了 gtracing.com 的域名，开始与 Google 合作，直接搭建独立站平台，启动了 DTC（direct to consumer）模式，在品牌发展的道路上，快速飞奔。

孵化自有品牌、进行品牌价值建设带来的市场影响，超出大家的意料。

彭小飞透露，虽然独立站建立的时间还比较短，但已经看到了很大的发展潜力，产品销量和品牌知名度的增长速度，明显优于传统的平台环境。

"没想到，以美国市场为例，来自独立站的销量占比达 20%，增长非常迅速，而且，从 5% 到 20% 只用了几个月的时间。"

正是快速增长的独立站流量，帮助 GT RACING 在疫情大年里，打开了新的机遇，实现了产品销售的飞跃式增长。

目前，随着独立站模式在美国市场取得成功，彭小飞和她的团队正准备将该模式拓展到欧洲市场，站点已经上线，产品线也正在布局中。

GT RACING
致敬产品主义者

事实上，机遇永远是留给有准备的人的。

从传统的 B2B 贸易起步，到孵化出属于自己的电竞椅品牌，并在疫情下的市场环境中逆势而上，实现飞跃式增长，彭小飞和 GT RACING 靠的绝不仅仅是运气。

海外市场的品牌消费历来以理性著称，产品品质是热销的基础。

彭小飞和她的团队都深谙这一点。

GT RACING 向来是以较高的质量和出色的产品表现在业内站稳脚跟的。GT RACING 的所有产品都满足欧盟的 EN1335 标准和美国办公家具制造商协会（The Business and Institutional Furniture Manufacturer's Association）的 BIFMA 标准。

除了产品过硬，开发设计和用户体验也是 GT RACING 着力打造的核心竞争力。以独立站的售后服务为例，GT RACING 在美国已经实现了电话售后服务团队无时差、本土化交流的目标。线上建立了一支完全独立的邮件处理小组，客服人员分批定向为用户提供服务。售后服务独立形成闭环，以"迅速响应"为基础，以"用户评分"为依据，不断调整和提升售后服务标准。在退换货方面，GT RACING 美国的 10 余家本地仓库发挥了重要作用，依照"就近处理、就近配送"原则，力求以最快的速度为用户解决产品质量问题。

关于未来，彭小飞表示，除了保持独立站和平台直营店铺在北美、日本、欧洲等地销售额的稳定增长以外，还要以电竞椅为核心向外扩展，依托自身的产品研发经验和强大的品牌效应，积极拓展家居品类，深耕电竞椅及周边产品，拓展 3C 类电子产品和 AI 智能产品，致力于成为全球知名的家居产品电商及独立站销售商。

奔跑
向更开阔的未来

这个时代，是中小企业快速崛起成长的时代。

在每一个赛道上，都有无数竞争者在快速奔跑，你追我赶。对于企业来说，从来没有任何时候能像现在这样，对管理者的综合素质要求如此之高：

好的企业管理者，必须是产品高手、市场高手和管理高手，甚至最好"一个人就是一支队伍"。

对此，彭小飞深有感触。

在武狄实业发展的这 10 年里，她带领团队完成了多次业务转型，逐步走向正轨。这当中，公司也经历了多次人员结构的调整。而随着专业人才的加入，产品市场的扩大，彭小飞对企业管理有了更深刻的体会。

彭小飞曾专门总结了企业管理者需要具备的三个层面共七种关键素质：

"首先是热爱，这是前提，是你能克服困难坚持下去的关键。其次是自我创新和发展能力、开放的学习能力、业务领域的专业能力、在内外部市场发现问题的能力及沟通能力等，这五个能力是从打造业务的核心竞争力的需求上来讲的。最后，是带领团队成长的能力，这一点，是对企业管理者做大做强企业提出的一个要求。"

在彭小飞看来，这些素质中，学习能力又排在首位。

她强调说："一定要能够快速地从业务和产品中学习知识，解决问题。这个过程要高效。"市场是瞬息万变的，客户对产品的需求也是多样的，在企业的日常工作中，任何和产品、市场相关的问题，都要认真对待，高效解决。遇到企业发展的战略问题，还需要进行专门的学习。

2019 年年底，彭小飞参加了上海交通大学安泰管理学院中国 CEO 资本战略高级研修班（第 24 期）的学习。那个阶段，武狄实业正处于企业发展的关键阶段：是抓住机遇进入资本市场，做大做强，还是继续在现有基础上寻求稳步发展？

交大安泰中国 CEO 资本运作课程全面的课程设置和实用高效的内容安排，为彭小飞解了燃眉之急。通过一年的学习，她从一个对资本市场认知不清的"局外人"顺利转型，成功地与资本深度接触，帮企业找到了一条更为合适的发展道路。

　　"犹如当头棒喝。"彭小飞这样形容在交大安泰的收获。课堂上，面对她的问题，老师们给她的答案是："企业发展不进则退。"在现代市场环境下，企业要发展，终究要面对大鱼吃小鱼、快鱼吃慢鱼的竞争现实。这让她坚定了武狄实业下一个阶段的目标：加快发展步伐，做大做强，走向资本市场。

　　当越来越多的企业开始布局未来时，那些看遍现代企业发展的、身经百战的导师们的经验就显得尤为可贵。交大安泰中国 CEO 资本运作课程的导师们，将认知和经验直接进行提纯与分享，指导领航者们以企业家的身份带领企业发展，以投资人的视野前瞻产业路径，为布局下一个时代打造自身的独特优势。

　　据彭小飞透露，目前，武狄实业已经开始启动了 A 轮融资，融来的资金将用于扩大研发中心，加强海外仓尤其是自建仓的建设和扩建厂房。未来，随着国内相关产能的提高，销售额将有望从 1.5 亿元，提高到 4 亿到 5 亿元。

　　带着最新的学习收获，彭小飞和她的团队已经开始了新一轮奔跑，向着更开阔的未来。

孙丰伟

深耕介入市场，抓住机遇

孙丰伟
威高介入医疗有限公司总经理
中国 CEO 创新管理高级研修班（第 49 期）学员

编前语

介入医疗对于大部分人来说，是个相对陌生的专业名字。但是说起冠心病、心脑血管疾病等治疗中的微创介入，就几乎无人不知了。

由于具备手术治疗时间短、患者恢复快的特点，介入医疗在心血管、外周血管、骨科、脑血管、大血管等多个领域得到应用，给病患和社会都带来了巨大的价值。如今，介入医疗已经成为和内科、外科并列的三大基础临床学科。

随着介入医疗方式的普遍应用，介入医疗市场的需求迎来了爆发式增长，不少国内品牌争相进入这一赛道。威高介入医疗，正是这一赛道上的佼佼者。

威高介入医疗的前身是威高心内耗材集团公司，成立于2009年。是威高集团有限公司下设的二级产业集团，是一家以生产和经营介入器械为主的集团。目前，威高介入医疗聚焦于三大产品线的发展，即心血管介入、神经介入和外周介入。

在总经理孙丰伟看来，尽管介入医疗发展非常迅速，但除了传统的心血管介入等产品相对成熟之外，在神经介入、外周介入等多个领域，仍有许多技术空白和产品空白，给行业留下了新的爆发机遇。

孙丰伟说，这个赛道的比赛，其实才刚刚开始。

加速布局发展
抢滩百亿元介入医疗市场

《2020—2025 年中国微创介入器械行业细分市场需求及开拓机会研究报告》显示，随着我国医疗水平的提升，微创介入诊疗的快速普及，我国微创介入器械市场需求持续攀升，市场规模不断扩大，年复合增长率为 14.1%，呈现稳步增长趋势。未来，随着微创介入诊疗技术的不断提升，我国微创介入医疗器械行业仍将保持较快的增长速度。

对于国内介入医疗市场的发展，孙丰伟深有感触。

"应该是 2005 年，心脏介入治疗器械产品的上市，让国内介入治疗行业迎来了突破式发展。"那一年，国内的心脏介入器械的三大公司——微创、乐普和 GV 先后拿到了冠脉支架的医疗器械注册证，国产的冠脉支架开始上市，由心脏介入开始，带动了整个介入行业的第一次快速发展。

"在这之前，这个行业市场上基本上进口产品是主流。"孙丰伟介绍说。上述国产品牌的产品面市之后，以稳定的质量表现和明显的价格优势，得到了市场的迅速认可，由此引发了整个介入行业的爆发式发展。

"2016—2017 年，我们整体国内的经皮冠状动脉介入治疗（percutaneous coronary intervention，PCI）的数量就已经超过了美国，以前美国一直是第一名。"孙丰伟透露，美国市场 PCI 大概在 80 万至 100 万例 / 年，国内在 3 年前就已经超过了这个数字。

而心血管介入医疗技术的发展提升，也带动了其他介入医疗的发展，如神经介入、外周介入。"目前对中国和世界来说，介入医疗行业依然是一个相对新兴的产业，方兴未艾，仍有很大的发展机遇。"孙丰伟表示，威高介入医疗对这一赛道的发展充满信心。

未来，威高介入医疗会坚定地以心血管介入、神经介入及外周介入医用耗材为发展方向，立足国内市场，进军国际市场，做到业内一流，成为在中国有影响力的公司。

立足技术和产品
价值提供是企业发展的核心

在介入医疗器械行业，技术始终是企业的硬实力。门槛高，周期长，让大多数资金实力不济的企业被挡在这个行业之外。

在产品的技术研发上，威高介入医疗采用自主研发、合作研发和资本并购等多种方式灵活进行，既有自主研发成果，也有大量的合作开发产品。在部分产品上还灵活采用资本收购的方式，推动业务进展。

在孙丰伟看来，立足技术，关注产品，才是企业发展的应有之义。

"无论什么时候，都要先把产品做好，没有好产品，企业价值是毫无意义的。因为最终企业的核心，要回归到产品在市场上的竞争力，要回归到为老百姓提供价值上去。"

孙丰伟特意提到了公司目前业务发展上的两个亮点。

一个是 Xinsorb 生物可吸收支架产品的研发上市（生物可吸收冠脉雷帕霉素洗脱支架系统）。该支架采用完全可降解聚合物材料聚乳酸（PLLA）作为支架基体材料，植入人体后，3 年左右的时间，整个支架就可以完全降解为水和二氧化碳。该产品避免了金属支架永久残留体内带来的风险，解除了金属牢笼对血管舒张收缩功能的限制。该产品是威高研发的中国首款具有自主知识产权的生物可吸收支架，在支架技术创新发展史上具有里程碑式的意义。"目前，这一产品已经在 24 个省市被正式纳入全国医保，不少医院和病人都给予了积极反馈。"

另一大亮点则是对神经介入产品线的打造。"我们目前有弹簧圈、微导管、微导丝等神经介入产品，我们还有多个新产品在取证（注册许可证）的过程中，如血流导向装置、抽吸导管、中间导管等，这些产品取证之后，我们会成为神经介入领域产品种类最全的公司。"孙丰伟透露，神经介入正是当下的又一个风口，随着国内产品的开发，国产替代进口的局面将会再次出现。

恪守"三心"文化
迎难而上，打造创新型企业团队

进入威高集团 20 多年，孙丰伟从事过多个业务板块的工作，从心内耗材到介入医疗，从基层业务骨干到企业高管，他对企业文化有了深刻的领悟。

"我们集团有一个核心价值观叫三心文化，良心、诚心、忠心。所有的产业集团或者子公司，都是在核心价值观的基础之上，去逐步打造一些小的环境。"孙丰伟表示，正是对于"三心文化"价值观的认同，带动了团队在业务发展上的积极高效。

在团队管理上，孙丰伟更看重的是对个体自驱力的激发。

他对团队的要求简明清晰。"有共同的目标，每个人都做好自己，同时互相协助。做好这三点，既能实现团队的高效，也能激发个人的自驱力。"孙丰伟表示。

2020 年，孙丰伟参加了交大安泰 CEO 创新管理 49 期的学习，让他对管理有了更深刻的理解。

相对于其他行业而言，医疗行业整体门槛高，垂直度大，行业内竞争不足。这使得创新力等特质相较其他行业略微薄弱。

"我们在某些方面有点坐井观天了。经过交大的学习培训，我开阔了眼界，可以用更新的视角去看问题。对我来说，这是交大的课程给我最大的价值。"孙丰伟对这次学习感慨万千。

他坦言，从创新力的角度讲，任何时候创新力对企业的发展都至关重要，无论是产品创新还是管理创新。对于他本人来说，更多的收获是管理创新："在与非同行交流的过程中，我确确实实发现了医疗行业的一些不足，或者一些眼光不能看得更远的地方。"

孙丰伟透露，从 2021 年开始，国家实施了带量采购，把行业竞争推向了更高的阶段。传统的管理和经验有可能成为企业的负担，寻求全面创新将是行业和企业未来都要面对的迫切需求。"我会吸收此次学习的创新方法，用这种颠覆性的思维去考虑问题，并找到合适的运用时机，用到自身的企业管理中去。"

孙桂娟

时代"她力量"，行稳致远

孙桂娟

上海东伽文化传播有限公司董事长

卓越领导者后 E 课程研修项目（第 1 期）学员

上海交通大学安泰管理学院 EMBA2012 秋季班

上海交大安泰 EMBA 校友会轮值会长

上海交大安泰 EMBA 领琇汇会长、交大文创学院客座教授

编前语

孙桂娟创业 18 年来，带领 CCG 集团以跨界整合营销为优势，为客户提供全方位的一站式解决方案。在公司内部，她始终认为"企业因人的存在而存续，也因为每位员工的努力得以发展壮大"。每一个 CCG 人都凭借持之以恒的学习精神、自律严谨的工作作风获得了客户的信赖，与企业实现了共同成长。

后疫情时代，各行各业都面临着挑战，在移动互联与智能科技双重叠加的大背景下，孙桂娟毅然报名参加了上海交通大学安泰经济与管理学院"卓越领导者后 E 课程"首期班，以"归零"的心态吸收新的知识。一系列课程和实践精准有效地开拓了她的战略视野，为 CCG 的持续发展再次注入了新的活力。

在孙桂娟眼中，上海交大安泰管理学院不仅仅是优质的学习平台，更是发挥个人能力、实现个人价值的舞台。她是交大安泰 EMBA 校友会唯一一位女性轮值会长，同时也是交大安泰 EMBA 领琇汇会长，并兼任交大文创学院客座教授。学生、学者等不同的身份让孙桂娟尽其所能地贡献自己的力量，享受其中的快乐。"时常保持清醒的头脑和敏锐的洞察，时刻构建自己的专业能力，实实在在给予更多人以帮助"是她给予这个时代女性企业家最为珍贵的启示。

步步为营，先发制人
好企业相信人的力量

CCG 取自 CROSS COMMUNICATION GROUP 的英文缩写，是伴随着国内广告行业兴起的一家大型的本土服务企业，"既深谙本土文化，也具备国际专业水平，能为中外客户提供卓越的全方位行销传播服务"是 CCG 的一大特点。经过 10 多年的奋斗与锤炼，孙桂娟帮助 CCG 在行业站稳了脚跟，还顺利完成了整个产业链的打造。集团业务涵盖了品牌代理、线下活动、整合营销、影视制作、媒体传播、会展管理以及互联网＋，几乎渗入行销传播服务的每一个专业领域。

互联网和新技术的崛起为各行各业带来了诸多变化，这些变化也时刻影响着企业的未来。在孙桂娟眼中，广告行业的变化也是令人始料未及的，"这个行业从当初的策划、设计、传播等相对独立的分工，已经演变为如今以品牌和产品为核心，需要配合全方位营销手段的行业，不仅分工更细致，客户对结果的要求也更高"。

当市场发生变化时，传统行业的领导企业总是一再忽视正快速成长的细分市场，而新的机会很少符合行业传统对市场的定义以及服务的方法，这时，只有能够顺应市场进行转变的企业才能获得先发制人的机会。

孙桂娟敏锐地洞察到了这一点，而此时的 CCG 已经具备了强大的综合能力，她从策略定位、创意策划、传播规划、媒介投放、公关服务、现场活动、数字营销等七大细分领域入手，建立起各具特色的专业团队及独立架构，同时结合整合营销的执行体系和新技术的应用，将整个团队职能打通，使 CCG 获得了更强大的战斗力。"其实就像一个人的拳头，我们可以分散开，各司其职，但同时又可以捏在一起聚合力量，组织结构的优化对集团业务的帮助很大，这也是我们最具优势的地方。"

后疫情时代，孙桂娟认为："科技将是未来营销战场的主力，也是 CCG 再次发力的一个机会点。"目前，CCG 正在进行软件研发，目标是利用科技应用优化媒体平台组合，以期实现更为精准有效的品牌传播营销方案。

带领企业多年，孙桂娟始终相信"人的力量"，她的个人理念中有一条是"让人才拥有企业"，用好的资源和机会，让人尽可能地发挥出最大价值，在成就企业之前，先成就人。CCG 不遗余力地为员工提供海外培训机会和个人发展平台，与上海交通大学、美国斯坦福大学以及多伦多文化协会等都建立了合作关系，利用不同的平台为员工提供更专业、更多元的成长机会。

归零心态坚持学习
带 CCG 走出一个未来

作为一名女性企业家，孙桂娟在企业管理方面展现出过人的能力，而这一切都离不开学习。要知道，企业管理和其他工作一样，需要具备才能、头脑、胆识和丰富的知识。只有以"归零"心态保持终身学习，才能帮助企业走向光明的未来。

她毅然报名参加了上海交通大学安泰经济与管理学院"卓越领导者后 E 课程"首期班，决心回到课堂，将心态归零，放下包袱，轻装上阵，去接收、吸纳新的知识或资讯，希望通过各类实践加深感知，培养战略直觉，为企业发展找到新的方向。

在企业高速发展阶段再次进入交大"二次充电"是许多企业家的选择，而孙桂娟的格局更高一筹，"高校的产学研对于社会意义重大，高校离不开研究，企业离不开教育，二者互为补充。高校的先进理论迫切需要实践平台，这便是 CCG 与交大深度合作的基础"。

作为行业翘楚，CCG 携手上海交大 EMBA 开展战略合作，践行交大安泰EMBA "贡献管理智慧，培养有德的领导者，推动经济社会发展"的使命，在人才培养、品牌传播、公益项目三大方面开展深入合作，共同建设高层次经管人才培养基地并一起推进产学研共同发展。

"她力量" 崛起
重塑时代格局

新一代女性企业家的"敢想敢做"在孙桂娟身上表现得淋漓尽致，"她力量"正成为这个时代的一抹亮色，渗透在社会生活的方方面面。

交大安泰的学习之旅还让孙桂娟收获了另一番事业：她一手创办了"领琇汇"女性精英俱乐部，围绕女性企业家、女性职场精英开展学习、实践、分享、公益等活动，令有志于成功的女性获得正能量，并引导她们为社会进步贡献自身之力；2020 年她更是被推选为交大安泰 EMBA 校友会唯一一名女性轮值会长。此外，她还携手妇联创办了女性创新创业学校。

采访中，她为新时代女性打上了四大能力标签：一是学习能力，能够勇敢跳出"舒适圈"，以个人成长成就未来的无限可能；二是新社交能力，以更为轻松且开放的方式表达自己；三是通过爱的传递不断提升自我价值；四是事业能力，依靠女性特有的拼搏和抗压能力来主导自己的人生。

领琇汇成员由各个行业的精英女性构成。新冠肺炎疫情期间，孙桂娟带领琇汇响应妇联号召，关爱白衣天使，24 小时发起募捐，组建抗疫执行小组，募集 4 万余元善款，48 小时完成物资采购、捐赠手续办理和运输方案确认，通过武汉校友和民间运输队将物资在第一时间切实分发到在一线奋战的医护人员手中，贡献和发扬新女性的光和热。

除了关爱女性群体，孙桂娟还带领自己的企业弘扬"小善大爱"的社会责任。她认为，企业作为社会的重要主体，应该承担更多的社会责任。她亲自参与及组织扶贫、助农、亲子教育等多个领域的公益活动，如"一个鸡蛋的暴走"、公益助农陕西咸阳乾县和甘肃天水甘谷大石乡马窑小学、CCG 探索之旅、CCG 护烛计划等。长达 10 年的公益历程让孙桂娟以另一种方式实现了一位女性企业家的社会价值。

她坦言："人生时刻要保持一个向上的心态，尤其是女性，更要勇于接受新知。交大的学习是吸收理论知识，与同学的交流是扩大自己的视野，公益活动则是宝贵的分享与实践，每一样都不可或缺，对我的个人发展非常有帮助。"

童国兵

从客户出发，成就未来

童国兵

上海锦铝金属制品有限公司总经理

中国 CEO 创新管理高级研修班（第 49 期）学员

编前语

"如果我自己来做，一定能更好地服务好客户。"

在创业的初始，无数人有无数种契机。而对于童国兵来说，创立上海锦铝金属制品有限公司的契机，就缘于自己在当时的工作环境下对客户服务质量的不满足：如果换我来做，我能做得更好。

一方面有着多年行业工作积累的资源，另一方面是对客户痛点需求的洞察，童国兵在二次创业时，目标更坚定明确。

从创立初期至今，上海锦铝严格贯彻执行行业的ISO9001质量管理体系，以"品质、服务及客户满意度"为服务标准，以"技术创新和产品研发"为核心竞争力，成功服务了众多国内外知名公司、科研机构及大专院校，公司旗下的产品也已远销新加坡、马来西亚、加拿大、美国、中东等国家及地区。

随着工业4.0时代的到来，越来越多的应用场景正在向工业铝型材这个行业打开需求。如何在保证产品品质的同时，做到快速反应、创新服务，成为摆在童国兵和上海锦铝面前的重要课题。

在童国兵看来，万变不离其宗。所有需求还是要回归到原本的初心：始终保持对客户需求的洞察。他持续带领团队坚守"服务创造价值，客户成就未来"的理念，精雕服务，深耕行业，在日益激烈的市场竞争中，打造企业的核心竞争力。

新应用场景机遇涌现
年增长率高达20%

工业 4.0 时代给工业铝型材带来了前所未有的应用场景。

从机械生产到日常生活，工业铝型材是我国工业材料中运用较多的型材之一，几乎处处可见。而随着工业 4.0 时代高精密生产和智能制造要求的增加，它每年的使用率都在逐步提高，需求上涨非常明显。

童国兵和他的团队已经感受到了这波需求的到来。

近两年，由于用工荒的出现，工业制造业迎来了大量自动化需求，通过智能化设备的使用，来缓解用工紧张及人力成本的高企。这一现象加速了工业铝型材在工业领域的应用。童国兵总结说，从材料的特性上看，相较于传统的金属材料，在满足牢固度的前提下，铝型材的可塑性更强、更轻便，设计制造周期更灵活，性价比也更高。

正是这些特性，给工业铝型材的应用带来了更广泛的场景。童国兵透露："汽车行业的需求上涨就是比较明显的例子，如今汽车行业要求轻量化、智能化，需要大量使用铝型材的零部件代替传统的其他金属零部件。"

面对机会，童国兵早已做足准备。

从 2008 年建立至今，上海锦铝已经耕耘了十几年，产品专业，服务用心，让企业在行业内获得了口碑。童国兵介绍说："公司每年的销售额，都会保持10%～20%的增长，主要来自客户的推荐。目前我们的合作客户覆盖汽车行业、机械设备、智能仓储以及医疗器械、机器人等领域。"

如今，上海锦铝结合国际工业铝型材设计理念，发挥本土铝型材及配套连接件低成本的优势，专注为工业自动化领域提供型材及配件，实现了设计、加工、组装等一站式服务，产品达到了欧盟生产检测标准。谈及发展规划，童国兵十分坚定："未来 3～5 年内，我们会继续完善目前的产品线，并持续关注新的行业场景。"

客户为第一中心
全面落实服务至上

童国兵给上海锦铝确立了十分清晰的产品线。

上海锦铝目前有三类产品：一是工业平台配件；二是铝型材的定制加工，给客户提供铝型材设计方案，并通过开模落地为产品；三是根据客户需求，为设备框架需求提供设计以及施工的解决方案。在童国兵看来，"以这三类产品的提供为核心，上海锦铝形成了设计、加工、组装的一站式服务，基本能满足客户的需求"。

配合产品线，童国兵将"以客户为中心"作为宗旨，对团队的服务标准和流程进行了全面规范。对外，调整客户关系的处理流程；对内，以销售部门的服务要求为核心，快速反应，将客户服务落实到全流程。

童国兵介绍："以售后部分为例，传统的服务方式，是出现产品售后问题后，第一时间确定权责，比如是产品问题还是使用问题，然后再进行后续处理。现在'以客户为中心'，只要产品出问题，第一时间先保证客户的使用，然后再确定权责问题。这个流程环节的调整，对于客户来说，服务感受和信任度就会大大提升。"对内，童国兵也要求各支持部门以销售部门为客户，及时满足客户层面的需求调整，从而从整个生产服务流程上保证客户体验。

"考虑到目前我们在行业中还只是中小企业，独立做产品开发和技术升级是比较难的，因此，在产品上，我们主要立足于'微创'，紧跟国外市场的产品，加快高端配件的国产化。"为了更好地满足客户的需求，童国兵在"微创"的同时，也布局产品开发能力的提升。他透露："几年前，我们就开始设立国外品牌的精密加工中心，来满足部分高端外资客户的需求。经过努力，中心目前开始逐步能够满足更高端的产品需求了。"

以人才为资源根本
培育"五好文化"

无论是立足产品，还是服务至上，在童国兵看来，这一切都建立在人的基础上。

对于人才，童国兵有着深刻的认识。

在他看来，员工从来都不是人力成本，而是人力资源，是公司长期发展的基础。"一家有社会责任感的公司，应该让员工有安全感，让客户有信赖感，让合作伙伴有认同感。企业的价值就在于能持续为客户提供具有竞争力的产品和服务，所有这一切都离不开员工。"

而这些也成了上海锦铝的企业文化——"五好文化"，即通过好的硬件、好的软件、好的产品、好的服务，最终获得好的客户。"五好文化"将产品、人和服务连接在一起，形成一个正循环的闭环。

在童国兵的努力下，上海锦铝已经成为人才成长的活力平台。对于中层管理人员，公司提供众创平台，给出工资待遇以外更好的机会和收入；对于技术员工，则为他们提供学习技能的机会和培训平台。"通过打造开放、学习型的团队，为企业发展提供动力。"

童国兵更是身先士卒。

不久前，他成为上海交大安泰与经济管理学院创新 CEO 课程的学员，在这里系统地学习 CEO 管理课程。对此，他感受颇深，交大课程的系统性、专业性和前瞻性，和以往的课程相比更为突出。很多互联网案例的分析，对于传统行业企业来说，极具启发意义。"课程里美团、饿了么的案例，就给了我很大的启发。我在获客政策上参照了这个模式进行创新。目前来看，基本实现了目标成效。"童国兵表示，像他这样埋头于企业经营活动的创始人，能够通过学习获得更开阔的眼界，反哺经营，真正做到了学以致用。

从不止步，一直前行，童国兵和他的锦铝正快步走在通向光明未来的路上。

王国辉

用心"玮"护生命健康

王国辉

上海心玮医疗科技股份创始人兼 CEO

浦东新区企业家创新领导力发展计划（第 2 期）学员

上海市科技企业家创新领导力高级研修课程（第 1 期）学员

编前语

采访王国辉的当周，上海心玮医疗科技股份有限公司在港交所主板的上市聆讯也顺利通过。

对于王国辉和心玮医疗来说，这个消息，在意料之中。

从 2016 年 6 月创办上海心玮医疗开始，王国辉和团队用了整整 5 年时间，把心玮医疗打造成为中国神经介入医疗器械的先行者，并凭借其商业化产品及在研产品的广泛产品组合，在中国神经介入市场占据领导地位。

此次 IPO 公开的资料显示，心玮医疗产品组合广泛，拥有 3 款商业化产品及 20 款在研产品，覆盖了神经介入领域的所有主要脑卒中亚型及手术路径，而公司的缺血性脑卒中预防在研产品亦有助于其掌握心脏病市场的需求。

尤其让资本市场青睐的是，公司的所有产品及在研产品，从设计阶段到后续的产品注册及商业化，整个过程均属内部研发。

立足自主研发，攻坚医疗痛点，给市场提供普惠产品，心玮医疗的前行之路，给国内新兴科技医疗企业的发展带来了全新的启示。

王国辉曾经多次在不同场合讲述过自己创办心玮医疗的初心。

"从创立开始，我们就围绕着心脑同治、防治卒中的理念，打造脑卒中防治产品。未来我们要开发更多的创新产品，打造脑卒中治疗更普惠的解决方案，同时推动临床救治技术的普及。希望我们能救治更多的脑卒中患者，为脑卒中防治贡献更多的力量，实现心玮医疗的价值和初心。"

布局下沉市场，开发更多的普惠产品，真正做到"用心'玮'护生命健康"，5 年后的今天，王国辉和他的心玮医疗仍初心不改。

破题脑卒中治疗困境
国产品牌矢志自强

脑卒中是最常见且致命的颅内血管性疾病，俗称中风，分为缺血性脑卒中及出血性脑卒中。脑组织对缺血、缺氧极为敏感，当血栓堵住大脑的动脉后，5～10 分钟之内，将出现不可逆的神经细胞坏死，轻则导致偏瘫、失语，重则导致死亡。

近年来，神经介入技术创新正在彻底改变脑卒中的治疗和预防方法，导致由传统的抗凝药物治疗及静脉溶栓治疗，向安全性得以证实且疗效显著增强的新型神经介入手术的根本性转变。这一转变，给介入医疗市场带来了极大的机遇。

王国辉的心玮医疗，所在的就是这样一个市场赛道。

谈起 2016 年的创业情形，王国辉记忆犹新。

心玮的创业团队都是"行业老人"，拥有共同的行业专业经验背景。因此，在企业成立初期，就对所在的赛道选择和发展目标十分确定：

"现在的神经介入市场就是 10 年前的心脏市场。心脏领域高值耗材市场已经涌现了多个上市公司。而国产神经介入产品份额并不高。我认为在冠脉介入领域国产可以做到的事情，神经介入领域应该也可以做到。"

怀着这样的初衷，心玮医疗从创立开始，就专注做心脑共治解决脑卒中的产品。如今，心玮医疗已经成为一家拥有自主知识产权的高新技术医疗创新型公司，立足于创新技术研发，构建起了覆盖脑卒中预防和治疗的"缺血性脑卒中取栓治疗、缺血性脑卒中狭窄治疗、出血性脑卒中治疗、心源性脑卒中预防、血管通路产品"5 个大类的完整产品线。

王国辉和团队的努力正在被看到。心玮医疗先后获得上海市战略新兴产业重大专项的支持，2020 年还在中国医疗器械行业创新创业大赛中获得了一等奖。

瞄准渗透不足市场
提供真正的普惠方案

从心脏介入领域，到神经介入领域，国产品牌的发展崛起走的是同一条路径：寻找市场机遇，从实现进口替代，到立足本土市场，强化自主研发，逐步实现品牌价值。

数据显示，从 2019 年起，中国的脑卒中患者人数居全球第一，随着中国人口老龄化的持续，近年来发病率还在持续上升。与此同时，尽管介入治疗行业整体得到了快速成长，但一二线城市与三四线城市之间的市场发展却迥然不同。

王国辉透露，相较于一二线城市更为优越、资源更为集中的医疗条件，以及支付能力更强的患者市场，三到五线城市的医疗现状差强人意，医疗资源相对薄弱，包括医保在内的个人支付能力不足。重要的是，三到五线城市早已成为脑卒中等病症的高发地带，是真正高速增长的市场。

"这就是我们专业说的'渗透率不足'的市场。医疗资源有限，有高需求，却没有和需求可以匹配的治疗方案。"作为行业老人，王国辉深谙其中的关键。"从商业角度考虑，外资品牌和大品牌不会进入这些市场，而我们既愿意去面对和解决这个问题，也看好这个市场未来的发展。"

王国辉的解决方案，就是全面深入渗透率不足的市场一线，解决医生的切实需求，结合实际，自主研发产品，打造普惠产品。从需求，到研发，到生产，到市场策略，王国辉给心玮医疗打造了一个极为高效也极富想象力的发展模式。

多年潜心前行，心玮医疗的品牌价值也开始得到市场的认可。

数据显示，目前心玮医疗拥有 23 款商业化产品及在研产品的广泛组合，覆盖了整个庞大、快速增长及渗透率非常不足的神经介入市场。心玮医疗的创新和全面的产品组合，加上一个全球首创和多个国内首创的神经介入器械，使其跻身行业的最前沿。

全力以赴
专业成就理想

创立心玮医疗之前，王国辉的从业经验就十分亮丽。

他毕业后曾在微创医疗工作过 8 年。此后，他创立过安通医疗和百心安生物，用王国辉自己的话说，在神经介入行业，他是资历深的"行业老人"，更是创业老兵。

这些经验在他身上留下了鲜明的特点：专业、果断。专业源于对行业的深刻洞察，深刻洞察又让他对于企业发展的决策更为果断。

2020 年，经历了多年创业后，王国辉再度回到了上海交大，进行安泰管理学院高管课程的学习。

这是他第二次来到安泰管理学院学习，从多年前企业的管理者，到如今创业公司的创始人，摆在他面前的需求，也从专业的团队管理，变成了企业发展中面临的实际问题。在王国辉看来，无论是什么需求，都必须通过更专业的学习来得到更好的解答。

"高层能力是公司发展的关键，是火车头。平时可能体现不出来，但是在真正决定公司的策略、发展战略层面，高层是非常关键的，只有高层能够有这样的一个决策能力，看问题的视角。"王国辉表示，每家公司从小到大的发展过程中，都会出现很多意想不到的问题，这都是常态。所以需要通过对更多企业案例的学习，聆听更多同学的经营思路分享，来获得更科学的逻辑思维，更开阔的眼界。

"这是我认为交大课程能够给到我们创业者特别好的一个价值。"秉持着对专业价值的信任，王国辉对心玮医疗未来的梦想，得以一步步坚实落地。

王　猛

革故鼎新，稳中求变

王　猛
苏州工业园区咖乐美电器有限公司 CEO
中国 CEO 创新管理高级研修班（第 49 期）学员

编前语

全自动咖啡机行业，历来是国际品牌主导的行业市场。

由于起步较晚，国内市场绝大多数全自动咖啡机都靠进口，这种现象持续到了2010年。其间，部分家电领导企业曾发力填补这一空白，但终因无法攻克技术壁垒、产品质量不过关而被迫放弃。

这导致很长时间内，国内企业仅能涉足滴滤机和胶囊机等简单的咖啡器具，全自动机器一直无法突破。

这一状况目前正随着国内研发制造企业的努力和国内咖啡消费市场的崛起而改观。苏州咖乐美，作为国产全自动咖啡机的代表，在此过程中崭露头角。

咖乐美成立于2010年11月，是一家研发、生产、销售高端智能咖啡机的科技创新型企业。经过11年的发展，目前产品出口超过60个国家，是国内累计出口全自动商用现磨咖啡机最多的企业，也是国内市场全自动商用现磨咖啡机保有量最高的企业。

2020年，咖乐美的发展亟须新的突破，CEO王猛在挑战和未知面前选择了继续学习。在上海交通大学安泰经济与管理学院的CEO创新管理课上，他收获了从企业战略、组织人才到市场营销、财务管理等全方位的能力提升，在企业发展的重要关头，为咖乐美校准了方向，顺利开启了一段新的品牌里程。

创新正当其时
圆梦正得其势

作为一个有别于小家电且带有精密仪器制造特点的行业，全自动咖啡机的研发和制造极为复杂。一台机器从自动研磨到萃取再到自动打奶需要全部自动完成，考验的是零部件的精密程度和各系统之间的配合默契、计量精准、易于控制、风味稳定、操作便利、高效快捷等，你能想到的考察精密仪器的指标都可以照搬用来检验一台全自动咖啡机。

虽然市面上已有成熟的技术，但这些技术专利都在欧洲国家手中，想要制造属于自己的咖啡机并非易事。王猛介绍说："全自动咖啡机并不是一台简单的小家电，而是一个小型的全自动设备。它包含了许多功能模块，模块之间要想达成理想的系统化集成，就必然要接受各种细节挑战，这种挑战来自器件的精密度和配合度。如果以小家电的思维去开发全自动咖啡机，基本上都会以失败告终。"

基于这样的认知，咖乐美迈出了研发国产机的第一步，并用3年时间突破各项技术瓶颈，完成了第一代产品的设计验证和投产。回顾整个过程，是咖乐美自带的品牌基因决定了结果的走向，那是一种革故鼎新、一往无前的勇气，一种善于使用创造性思维、善于打开新局面的锐气。

"我们起步的时候并没有太多的技术积累，产品突破主要靠两点：一是充分认识它的复杂性；二是复杂任务逐项分解，再逐个击破。我们只想要踏踏实实做研究，深入原理层了解技术目的和实现路径，多方比较，最终确定最符合我们对成本和性能要求的方案。"

从第一代产品到现在，咖乐美已积累了200余项专利。让王猛记忆犹新的技术突破有很多，以全自动咖啡机的核心器件"冲泡器"为例，这个角色相当于汽车的发动机，必须"足够耐用"。王猛饶有兴致地解释说："欧洲的冲泡器技术都是通过小孔径来实现压力稳定的，我们则研发了'蓄压阀'，在一开始就能把压力冲到一个稳定的理想值，整个萃取过程压力稳定，冲泡效果就好，一杯好咖啡也就有了保障。"

就像这枚小小的"蓄压阀"，咖乐美始终把"重视技术和产品开发"当做品牌厚积薄发的动力。近年来，咖乐美的科研项目硕果累累，截至目前，已获得国家"高新技术企业"认定，还入选了金鸡湖"科技领军人才"企业，拥有自主知识产权的"智能一键式全自动咖啡机"还获得了江苏省高新技术产品认定。

咖乐美正在"成为中国最专业的全自动咖啡机企业"的道路上高歌猛进。

品牌战略更新，质量管理前置
真抓实干提升产品软实力

机构发布的未来 5 年咖啡行业市场需求与投资分析数据显示：中国咖啡消费年均增速高达 15%，远高于世界 2% 的平均水平；预计到 2025 年，中国咖啡市场规模将达到近万亿元。

在这样的大背景下，咖乐美适时调整品牌战略，加大新技术平台的开发，利用现有技术开拓出能力更强的商务和商业产品线，为抓住新的市场机遇做了充分准备。

王猛介绍说："这两年对咖乐美来讲，是蓄势待发、重新创业的两年。我们的产品从 2013 年上市以来体现出稳定的性能和超高的性价比。上一代产品设定的使用场景是家用和办公，但由于做出的咖啡品质好且机器好维护，客户拿到我们的产品后常常会出现'过度使用'的情况。客户既然已经为我们拓展出了新的使用场景，我们也一定要努力更新技术平台，让客户有更多选择。"

2020 年，受疫情影响，咖乐美的海外发展速度有所放缓。趁此机会，公司将所有精力都投入新技术和新产品的开发，为品牌的发展赢得了喘息的机会。同时，在质量管理和智能制造方面也进一步总结提升，以便在更大的机会到来时，保持"中国智造"的竞争优势。

坚持做对的事、难的事
参与民族科创品牌的大业

和许多创业者一样，王猛创业也来自一个契机，这个契机便是 2008 年的金融危机。

当时，王猛还在外企工作。在工作中，他观察到国内企业的角色多是"配套加工"，金融危机带来的产业转移让这类企业很难掌握自己的命运。从那时起，他就深深预感到：在已知的赛道上，中国企业只能按照国际规则和打法被动竞争，只有"科技创新的重大突破和加快应用领域的步伐"才有可能主导竞争格局。"未来制造一定属于中国企业，但中国未来的企业，一定要做自己的产品和品牌，这个大业，要由我们这代人来扛。"

当时，全自动咖啡机在国内还是一个新兴行业，"如果大众还不是很清楚一个行业，或者这个行业还没有突出的品牌，其实就是个机会。当对一件事情抱定信心时，很多资源都会向你聚拢。我只要坚持做正确的事，未来一定会有所收获"。

坚持做对的事、难的事，抱定这样的想法，咖乐美用了11年时间发展到如今250人规模的团队。在管理和企业核心价值观方面，王猛和团队总结出"客户第一、诚信、专业、激情、创新、协作"这6个关键词，包含了客户、产品、团队等方方面面的内容。

采访中，他感慨"时代变化太快"，面对企业发展和团队管理的诸多挑战，王猛再次将自己"清零"，带着成长和学习的心态参加了上海交通大学安泰经济与管理学院的CEO创新管理课程。

"我很珍惜每次去上课的机会，从没有缺过课。老师既有理论基础，又有实践经验，整个课程对于我来说是非常适合的。我来上课的目的并不是让老师教我一个马上就能用的方法，而是为了拓宽自己的思考边界，通过具体案例来思考自己企业能做哪些变化和改善。交大的课程胜在既有知识高度又有现学现用的部分，整体设计非常棒。"

许振杰

"知识常态化"，为企业持续赋能

许振杰
世丰福集团总裁、董事
高级工商管理课程研修班（2020年秋）学员

编前语

时代如同一个蒙着面纱的对手，它出了一张牌，我们可以应，也可以不应，但无论如何都要出自己的牌。

如何在新时代打一手漂亮的好牌？海外华侨给出了自己的选择：他们拥抱"中国机遇"，投身"强国梦想"，纷纷回国创办企业。"世丰福"就是其中之一。10多年过去了，世丰福目前已发展为跨领域、跨地域的综合发展集团，核心业务涉及食品、文化娱乐、房地产开发等。

坚持多元化的世丰福集团之所以发展迅猛，靠的是敏锐的商业嗅觉和专业的管理团队。集团总裁、董事许振杰见证了这一切，他负责国内外贸易、食品营养餐、文化旅游观光与农业种植、动物饲料及饲料添加剂五大板块，始终心怀热忱，为实现企业使命不遗余力地奉献着专业力量。

2020年，许振杰走进了上海交通大学安泰管理学院的高级工商管理学习班，"专业严谨的教师团队、积极上进的学习氛围、学有所成的深深满足"远远超越了他的期待，他说："通过在交大的学习，我找到了一套方法，对未来的目标也更清晰了。"

时代机遇与个人理想穿越时间，悄然共鸣，企业的方向感和个人的使命感在这样一个专业的学习契机下被再度唤醒——赋能专业管理，更赋能企业竞争力，让企业"知识常态化"，便是这个时代给予未来的最好机会。

诚信立伟业
敢于为社会创造双重效益

近年来，随着国内创新创业机会的不断加码，华侨专业人士回国创业又形成一波小热潮。世丰福集团算是这波浪潮的先行者，2003 年便携麾下的高端技术团队和业已成熟的项目回到国内，目前已拥有 13 家分公司，是一家名副其实的跨领域、跨地域综合发展集团。

集团董事许振杰介绍说，世丰福十分看重国内市场，连续多年加大团队建设和投资力度，已取得了不小的成果。许振杰本人出身于食品科学与工程专业，曾供职于高端酒店，具有与高等院校及政府机关的丰富合作经验，因此，全面负责了国内的食品营养餐板块。在他的带领下，世丰福于 2020 年顺利拿下贵州 K12 营养餐食材供应项目，当地的幼儿园、中小学校、超市及企业食堂的粮油、蔬菜、肉类、鸡蛋等基础农产品全部由世丰福供应。目前，贵州世丰福的农产品供应链业务发展顺利，集团结合在不同城市的资源优势大打"组合牌"，力求打造出多维度发展能力。

为保证品质，许振杰还组织团队与山东鲁花、海天集团、正大集团、益海嘉里集团、铁骑力士集团等企业建立了密切的合作关系，并在当地建立完善的仓储系统，形成了从产品供应到物流分发的全链条专业管理，得到了客户的广泛认可。

在许振杰看来，海南当地特色产品在特色研发和深加工方面还有很大的发展空间，于是带领团队倾注大量精力研发出清补凉、椰子汁、人参、石斛饮品等创新产品。他将产品与集团在马来西亚的快餐车业务进行嫁接，使得新品迅速在海外市场布局，"目前，我们的产品在马来西亚的销量和口碑都很好"。

谈到企业的发展成果，许振杰提到"团结、创新、共赢"这三个关键词，"只有最大限度地提高经济效益和社会效益，企业做大做强才能成为现实。"

海南，海南
创新者的机遇，创业者的蓝海

积极进取、极具发展潜力的企业离不开宽松有序的创业环境，采访中，许振杰多次提到了这一点。得益于海南自贸区的全新机遇，世丰福集团的事业版图再度扩张，为未来 5～10 年找到了新的发展空间。

2020 年 6 月 1 日，《海南自由贸易港建设总体方案》正式发布，海南自此迎来了"高光时刻"。按照总体建设方案的设计，到 21 世纪中叶，海南将全面建成具有较强国际影响力的高水平自由贸易港。

政策层面接连释放出的积极信号，为世丰福这类看好国内市场并积极布局的企业注入了一剂"强心针"。"令我印象最深刻的政策发布有两次：一次是 2019 年年底海南获得了一张'最短'外商投资准入负面清单；紧接着在 2020 年年初又发布了一份'最长'鼓励类产业目录，新增的 143 个细分行业全部纳入鼓励类产业范畴。整个海南都洋溢着投资自由化、便利化的氛围，对于我们这种跨领域企业是非常大的利好。"

许振杰充分与集团沟通，确立了"把海南自贸港的政策用活、用好、用足，加快世丰福集团的发展壮大"的目标。具体实施分两条路径：一是向新产品、新技术方向发展，二是向现代农旅产业进军。

截至目前，在许振杰的大力推动下，世丰福已在海南省投资打造了一个以农旅观光和康养服务为核心的康养小镇，总面积 333.5 万平方米，将分 3 期建设。同时，集团还在海南三亚成立了农村合作社，合作社发展的"中马水果种植先行试验基地"面积达 133.4 万平方米，"我们的种植基地不仅为当地农民、贫困户提供就业岗位，还提供种植方面的成熟技术帮扶，让他们在稳定就业的同时能够自主发展家庭式的水果种植产业"。

提升能力，做足准备
"人生能有几回搏"

"人生能有几回搏"，在许振杰看来，能在实力雄厚的企业专注于自己的优势与企业一道发展，是自己做对的第一步，而他做对的第二步则是"不断提升自己"。

世丰福在国内的发展势如破竹，如何让团队越来越优秀，如何在企业管理中找到最优解法，又如何在下一轮时代红利中抓住机会充分参与竞争，以帮助集团的国内业务版图再上一个台阶……摆在许振杰面前的问题已经不再简单。

于是，再度走进校园、坐进课堂成了许振杰的选择。

2020 年，许振杰成为上海交大安泰管理学院高级工商管理课程的一名学员。跟着专业课老师，在经历了一轮又一轮的系统学习后，许振杰头脑中建立了一套"感知、认知、决策"的闭环系统。不仅是学识，他的视野也一下子开阔了，"学校的教授都是知名院校各行各业的专家，不光在学术上有一定的造诣，而且还有实际的企业管理经历。他们丰富的知识和开阔的视野，让我在短时间内明白了许多以前不明白的东西，思考问题的角度和方法都多元化了"。

通过大量的案例、学校安排的企业调研活动和企业的深度交流，许振杰大开眼界，在极度不确定的商业世界中，建立起未来与现实之间的联系，为"发现通向未来的道路"提供了第二视角的思考方式。

更多的收获来自同学，"我们班里聚集的都是各行各业的精英，有企业家，有企业里的高层管理者，和同学们一起交流才是最难得的，可以看到各行各业的发展状况，彼此之间吸取各自的经验，这可是一笔宝贵的财富"。

对于前行的路，已经做足准备的许振杰，显得踌躇满志："我相信，我们都将有更好的未来。"

宣廷新

为民族创造价值

宣廷新

上海置道液压控制技术有限公司董事长兼总经理

中国 CEO 资本战略高级研修班（第 25 期）学员

编前语

宣廷新的创业故事，在这个时代背景下，多少有点传奇色彩。

15年前，跨国公司GE公司收购了中国自动控制龙头新华公司。那一年，宣廷新作为公司骨干，以液压事业部经理、液压工厂董事的身份，正带领业务团队开疆拓土。他们都踌躇满志，想要在自动控制领域大干一场，和国外品牌一决高低。

那次在当时看来他们无力阻挡的收购，让他们的理想猝然止步。

出于对民族工业的忧虑，更出于对理想的激情，宣廷新毅然辞职。他组建团队，创办了上海置道液压控制技术有限公司。

那时候，宣廷新就下定决心：

不管他走到哪里，不管年龄有多大，他要为民族企业扛起这杆旗。

如今，在宣廷新和其团队的努力下，上海置道已是行业的领军企业，市场占有率稳居行业第一，为国家电力事业的发展和节约外汇做出了重大的贡献，公司承担了研发燃气轮机执行器的任务，其配套上海电气国产燃气轮机已投入使用，并填补了国内空白。同时，公司还多年获得上海市纳税信用A级企业、国家高新技术企业等称号，先后获批10多项国家专利。

就像当年想过的那样，宣廷新和他的上海置道，正向着民族制造标杆的目标稳步迈进。

专注工业液压控制领域发展
做行业隐形冠军

在工控领域的液压控制行业内，宣廷新和他的上海置道，早已成为行业的"隐形冠军"。

作为专注于工业控制领域发展的高新技术企业，上海置道自 2005 年成立起，就致力于成为拥有自主知识产权和行业核心竞争力的智能控制系统集成供应商。目前，公司集"研发、设计、生产、销售及系统工程服务"于一体，主导产品为 DEH（含电、液）、ETS、TSI 及 DCS 系列产品系统业务总承，主要业务涉及电力、新能源、化工、钢铁、船舶等领域。

经过了十几年的努力发展，如今，在 EH 系统设备领域，上海置道已发展为市场占有率稳居第一的行业领军企业，是同行业中唯一一家与国内主流大、中主机厂均有长期配套关系的公司。目前公司总部及总厂设在上海，四川德阳生产基地（四川置道）主要负责西南地区业务，并在乌鲁木齐设立了检修分公司，具备全国市场范围内的高效服务能力。近几年，更是与三菱、日立、艾默生等跨国品牌公司建立起稳定的供货合作关系。

"我们的发展目标就是成为中国动力液压系统集成的领导者。"回顾起公司的发展历程，宣廷新表示：一方面，公司始终保有初心，沿着初创时设立的目标前进；另一方面，公司也积极应对市场和行业的变化，努力创新。他透露，除了目前的电力、化工、钢铁、船舶等领域，上海置道现在正积极研究和拓展智能化电液系统集成业务。

在宣廷新看来，今后工业控制的发展和互联网的快速发展紧密相连，甚至会有一些革命性的创新，主要体现在智能化、云计算等方面，这些对推动整个工业的发展水平起着重要的作用，"这也将是上海置道未来会重点关注和布局的方向"。

立足自主研发
为民族创造价值

进入新时代，让中国制造摆脱"大而不强"的现状，实现自主自立发展，已经成为各行各业的共识。

作为一个制造业的老兵，宣廷新认为在工业控制领域，这个需求更为迫切。

"在液压领域，美国、欧洲在科技的整体发展上比我们有优势，这让我们在很多核心产品、核心技术的使用上非常被动。因此，我们从一开始就聚焦产品研发，注重自主产权的实现。"

研发燃气轮机执行器，就是宣廷新和团队努力的一大成果。

燃气轮机被誉为制造业皇冠上的明珠，是名副其实的大国重器之一，目前核心部件的相关技术仍然被西方几大跨国公司所垄断。不久前，上海置道成功承担了研发燃气轮机执行器的任务，其配套上海电气国产燃气轮机已投入使用，并填补了国内空白。

对于民营企业来说，这一自主研发的成果来之不易。

据宣廷新介绍，公司的技术和管理人员主要来自国际知名大公司及国内著名大型企业，具有强大的设计研发能力和工程经验，置道公司（含子公司）拥有包括博士、硕士、本科学历的各类专业人员100多人，大专以上学历员工人数占工厂总员工人数的70%以上。

这样一个科研力量的配备，让上海置道实现了以自主研发和科技创新为抓手，让企业走上真正的长期驱动发展道路，从而能更好地为社会、为民族创造价值。

在上海置道的官微上，我们看到，仅在2021年上半年，上海置道就获得了6项专利授权，其中外观专利5项、实用新型专利1项。截至目前，公司共有29项已授权专利（发明专利1项、外观设计专利5项、实用新型专利23项）。

摆在宣廷新和上海置道面前的，将是更广阔的发展前景。

追求财富健康增长
做企业更重要的是担当

某种程度上，宣廷新是一位典型的中国企业家。做好企业经营，承担社会责任，推动社会进步，是宣廷新在企业经营上的鲜明特色。

"对我来说，做企业，更多的是一种担当。"谈起企业责任，宣廷新认为，实现企业的持续盈利是企业活动的基础。但做企业的人如果把赚钱放在第一位，是做不长的。在他看来，企业也好，个人也好，都要追求财富的健康成长。

"企业发展要追求一种和谐，通过我们的努力和时间，去慢慢影响周边的人。可以从小事做起，从社区、员工等方面入手。"因此，在企业经营的 10 多年中，宣廷新从未停止过公益的脚步。

除了多次在社会灾难事件中积极响应，向灾区、贫弱残人士伸出援助之手外，宣廷新在 2016 年，在母校大连理工大学设立了"置道液压创新专项奖学金"，鼓励和培育行业专业人才。同时，他还在家乡四川与儿时同伴创立了"邻里乡亲互助会"，倡导乡贤回乡建设家乡，实现乡村振兴。新冠肺炎疫情暴发时，他还带领同学一起积极向湖北捐款。

对于个人能力的提升，宣廷新更是从未松懈。

2020 年他参加了上海交通大学安泰管理学院资本班 25 期的学习。"我原本以为做理工科的企业，应该跟资本基本无关，后来发现，随着企业的转型，无论是什么企业，都应该加强对资本端的了解。"说起此次学习，宣廷新深有感慨。

在交大的学习，对经营实体企业的宣廷新来说，使他对资本市场、股权知识、国内资本一级市场和二级市场有了更深入的了解，对经营有了更宏观的思考。

"课程给到我实际上的收益，肯定是实现更合理、更健康的财富增长。这个是我最大的收获。当然，认识了很多志同道合的同学，大家拥有共同的价值观、共同的兴趣，这对我们的学习和发展都是很好的促进。"

宣廷新表示，他还在持续消化课程带来的收获，"坦率地说，如果 10 年前我懂这种金融知识，可能企业发展会是另外一种景象"。在他看来，突破自己，这就是专业课程带来的最大价值。

叶晓威

从"不确定"中寻找"确定"

叶晓威

浙江华光汽车内饰股份有限公司董事长

中国 CEO 创新管理高级研修班（第 42 期）学员

卓越领导者后 E 课程研修项目（第 1 期）学员

编前语

后疫情时代，已经成为中国汽车行业的新时代。

中国成了全球最大的电动汽车生产国，随着欧洲等市场对新能源汽车的需求日渐旺盛，新能源汽车正成为拉动中国汽车出口增长的新引擎，尤其是自主品牌的发展，给行业上下游的发展带来了战略性机遇。

汽车内饰行业就是其中之一。内饰总成作为整车设计与工艺最重要的环节之一，受到了各品牌整车生产厂的重视。LEADLEO 研究报告显示，考虑消费升级的需求，到 2023 年，中国汽车内饰行业规模将达到 2 996.6 亿元，年复合增长率达 2.0%。

叶晓威和浙江华光，就在这一轮战略发展中抓住了机遇。

浙江华光成立于 20 世纪 80 年代，经过近 40 年的发展，目前已成功转型为一家具有尖端研发能力的汽车内饰企业。2020 年，叶晓威带领浙江华光再创佳绩：在全国销售的 2 500 多万辆汽车中，有 200 多万辆汽车采用华光生产的内饰面料。同年，他一手创建的"华光汽车内饰面料研究院"成功入选浙江省级企业研究院名单。随着科研成果的陆续转化，华光的创新能力和产品品质牢牢占据了行业佼佼者的地位，市场份额稳居全国前三。

成绩背后，是企业发展的"源头活水"——学习创新能力的不断提升。从 2016 年开始，15 位华光员工陆续在上海交通大学安泰经济与管理学院学习，叶晓威更是这里的资深学员，在他看来，"要想让能力配得上梦想，学习是唯一的出路。这个时代充满了不确定性，只有乐于学习，才能洞见未来。"

一代人蹒跚学步
一代人加速崛起

1999 年，叶晓威大学毕业后进入浙江华光，从最基层开始历练，一步步熟悉公司的生产工艺和流程管理。随着经验的积累，叶晓威从企业第一代领导层手中接过"接力棒"。在他的领导下，企业跟进趋势，从传统的拼成本、拼价格的中低端服务竞争模式逐步向创新型企业转型。

在叶晓威的带领下，浙江华光和蔚来、理想等造车新势力在初创阶段就建立起紧密的合作关系，成功抓住了国产电动车品牌崛起的巨大机会，公司产值从 2013 年的 0.6 亿元一跃攀升至 2020 年的 3.18 亿元，2022 年预计突破 5 亿元大关。目前，华光已为北京奔驰、奥迪、丰田、本田、日产、南北大众、上海汽车、吉利汽车、蔚来汽车等高端客户稳定供货。

如果说上一代汽车从业者是照搬国外先进品牌蹒跚学步，那么叶晓威便是第二代汽车人的典型。他深知科技企业的红利时代已经到来，高科技产品发展潜力大，产品门槛高，只有持续加大科研投入，才能够提高产品附加值，扩大品牌市场份额，真正实现做强做大。

2020 年，为提高质量效益，转变生产方式，叶晓威为华光构建了数字化车间，上线了首套 Andon 系统，跨出了智能制造的第一步。由此，信息目视化、信息传递便捷化、工序过程透明化成为现实，对生产过程管理、提高生产组织效率、提升和优化企业管理流程都具有极强的现实意义。

在浙江，华光是汽车内饰行业的"领头羊"，主导了一系列行业标准的制定。2020 年 9 月，浙江省发布并实施了《乘用车针织顶篷复合面料》标准，这份行业标准就是华光起草的，被业内誉为"真正体现了浙江制造'国内一流、国际先进'的理念。"

加大科研成果转化
创新产品保稳健经营

本着"稳健经营绝不投机，创新产品和品质服务为先，与客户创造双赢局面"的指导思想，叶晓威带领华光进一步加大自主创新投入，推动产品迭代，提升产品的科技竞争力。

走进华光的生产车间，一台长达十几米的"胶粉复合机"正在高速运转。面料、胶粉和无纺布通过加热、压制后，产出一捆捆"复合立柱面料"，生产效率很高。这是华光科研团队通过 4 个月时间研制出的能够达到企业生产流水线要求的机器，不仅用工减少了 1/3，产能还提高了 20%，制造效率和产品质量都处于行业领先水平。

这样的例子，在实际生产过程中不胜枚举。

"这一切都得益于华光建立了自己的'内饰面料研究院'，并持续多年拿出年销售额的 3% 以上投入科研。"叶晓威透露，近年来，他们不断寻求与高校的合作，吸引了大量专业对口人才加入研发团队，"研发成果直接转化并产生经济效益的案例有很多，每年我们都有将近 1 亿元的销售额来自我们研究院的研发成果"。

2020 年，华光的年度科研投入高达 900 多万元。企业研究院每年都能推出 5 种以上新产品，申请的 16 项实用新型专利中，20% 以上都处于行业领先水平。

叶晓威并不满足于企业当下的成绩，日常思考更多的还是华光的未来，"国内汽车内饰面料行业的规模一直在扩大，但具有研发能力的专业生产公司却越来越少。随着 90 后消费群体的崛起，汽车品类的主流消费观也会越来越与国际接轨，一些新型面料即将涌现，我们的下一个技术攻坚点就集中在环保型材料上"。

"下足功夫"，为品牌出海保驾
"持续精进"，与更严苛的市场交手

真正的"战场"在细节。

对于内饰这类看似很小却足以体现品质的细节，已经成为判断汽车品牌级次的重要指标。华光渴望更广阔的市场，更激烈的竞争，与更严苛的品牌交手。

2021 年，叶晓威计划打入日本和德国市场，成立办事处。之所以迈出这一步，和叶晓威一直以来保持开放学习的状态分不开，他认为，"除了持续学习和实践之外，这世界上并不存在更高明的经营诀窍"。

为此，叶晓威做了长久的准备，第一步就是建立一支学习型的团队。从 2016 年开始，叶晓威陆续将 15 位华光员工送到上海交通大学安泰经济与管理学院学习，他本人更是该学院的资深学员，先后参加过中国 CEO 创新管理高级研修班和卓越领导者后 E 课程研修项目。

"2016 年，华光在上海成立办事处，但对于能否打开上海市场并不确定。我记得很清楚，办事处是在 4 月份成立的，12 月，我就开始在交大安泰上课。当时只有我和上海办事处总监两个人参加学习。很确定的一点是，无论如何都要通过学习提升自己，找到解法。"叶晓威表示，从那时起，他们在交大的学习就没有间断过，到目前为止，每一期交大安泰的课程华光都会安排高管去学习。"通过学习，不仅帮助我解决了经营发展中的困境，还造就了我的全球化眼光，让我对国内外市场有了更深刻的认识，各方面能力都得到了很大的提升。"事实证明，华光在上海成立办事处取得了成功，公司也于 2021 年 10 月份成立上海分公司，通过不断学习去迎接更美好的未来。

叶晓威的人生语录中有这样一句话："有智而气和，斯为大智；有才而性缓，方为大才。"对于企业家来说，带领企业向前发展，"持续精进"是最好的心法，"气和"和"性缓"是最理想的心态，能够真正助力企业在"不确定"中寻找"确定"。

应秀珍

成为优秀领导者，不忘初心，不负时代

应秀珍
宁波中基惠通集团股份有限公司总裁
中国 CEO 创新管理高级研修班（第 50 期）学员

编前语

"我想把自己的整个生命和全部精力都投入热情澎湃的工作、学习、生活之中！"当聊到工作和生活爱好时，年过七旬的应秀珍的回答令人印象深刻。

应秀珍女士任中基宁波集团股份有限公司副总裁、宁波中基惠通集团股份有限公司总裁。中基集团进出口额连续多年位列宁波市榜首，拥有近40年外贸经验的应秀珍是宁波鼎鼎大名的"老广交"（连续参展57届）。2020年新冠肺炎疫情期间的云上广交会，她率领团队10天开展200余场专业直播，一如既往地走在外贸第一线。

从单一到多元
职场蜕变，迎心之所向

早在1983年，应秀珍就已进入外贸行业从事财务工作，1992年调入宁波中基，次年开始兼管出口贸易。她渐渐习惯于同时站在出口业务和财务这两个角度，在合法合规的前提下，让财务制度尽量为业务开绿灯，支持业务发展。从单一的财务思维跨界拓展到出口业务，应秀珍说的"两手抓"，可谓其由单一到多元的职场蜕变。

当大风大浪来临时如何带领企业直面挑战、走出困境？多年来，应秀珍在实践中成为与时俱进的优秀领导者。

"外贸＋物流＋互联网，这种模式我们在 20 世纪 90 年代末就已经开始探索了"，应秀珍毫不讳言全场景、浸入式了解国际贸易环境的风吹草动及外贸行业的各个环节，令她和她的企业能"超前准备、超常应对"。

1997 年亚洲金融风暴使东南亚国家货币纷纷贬值。中国为了承担大国责任，承诺人民币不贬值。但国内外贸企业却由此失去了竞争优势，承受了巨大的压力。宁波市许多外贸企业，从这一年开始节节败退，几乎年年资不抵债。中基集团的外贸老兵们在宁波的北仑港保税区觅得一线生机。

由于保税区允许以个人名义注册外贸公司，注册资金只需 50 万元起，所以，许多外贸公司倒闭后，他们的业务员就到了保税区注册个人小公司。中基集团发现之后，决定"化整为零"，让所有的部门经理以业务部门的名义到保税区去注册公司。母公司只做相对控股的大股东，所有的出口还是以总公司的名义来进行。这样，既能享受国家给国有企业的经营权和贷款抵押等红利，又能充分发挥民营企业经营的灵活性。就是这么一个决策，让宁波这家硕果仅存的国有外贸企业以一个整体活了下来。从这件事来看，宁波人灵活务实、敢为天下先的风气可见一斑。

2013 年，应秀珍提出构建以"互联网＋外贸＋物流＋金融＋跨境电商＋海外仓"等为一体的线上、线下深度融合的外贸综合服务生态闭环，在全国行业内率先开拓新型外贸模式，独家打造"中基惠通"外贸综合服务平台。

从性质上来讲，中基惠通属于外贸综合服务平台，但应秀珍所设想的完美形态并不局限于简单的代理模式，而是积极为平台上的客户提供外贸所需的各种功能。为此，中基惠通引入了各行业的合作方，逐渐覆盖了从物流、金融、跨境电商到海外仓的各种领域，搭建起属于自己的外贸生态圈。

应秀珍认为，与互联网公司搭建的平台相比，中基惠通的核心价值在于"来自外贸，更懂外贸"。应秀珍带领的团队具有数十年从事外贸的经验，对于外贸行业的痛点和需求有着更精准的把握。比如，她为平台引入美国富国银行提供保理业务，使外贸企业得以跳过美国客户惯用的长账期，出货后 7 天即可借助保理业务拿到货款，将原本数月乃至半年的账期大大缩短。这不仅提升了出口企业的资金周转能力，更让原本无法适应长账期的企业得以参与美国业务的竞标，业务机会倍增。

信保则是财务出身的应秀珍为企业解决的另一大挑战。如果自理的话，基本需要接近50%的保费，但应秀珍利用平台统保的优势，为平台上的客户争取到了1.6‰的极低费率，相当于用1分人民币即可保1美元风险。中基惠通就是这样不断地解决外贸企业的真痛点。

常有人问应秀珍，为什么年过七旬还坚持在一线岗位？她毫不犹豫地说："是因为热爱！人一旦有了目标，不管长期还是短期，专心致志去努力，去拼搏，通过奋斗让未来越来越美好，这令我由衷地感到幸福。"

终身成长
使命所在，热情澎湃

应秀珍一直对自己有着学习方面的要求。她坦言，原因是怕自己会落伍，因为落伍后就没有了前瞻性。

她认为，作为领导者，引领整个公司必须具备3种能力。

第一，要有前瞻性和洞察力，能够把握整个行业的趋势和风口在哪里。这是做国际贸易的基本前提，必须分析整个世界的局势走向。但这个前瞻性不是高高在上地夸夸其谈，而是结合外贸第一线的经验进行的思考。应秀珍称自己就是"春江水暖鸭先知"中的鸭子，因为一直在外贸的水里"游"，所以能比其他人更早感知到外贸形势的变化，也能够培养出更长远的眼光。

在国外新冠肺炎疫情兴起的初期，许多企业对于继续开展出口业务有顾虑，怕海外客户弃货。应秀珍一方面积极为企业投保，解除企业的顾虑；另一方面从市场占有率的角度出发，呼吁不要因为短时间的挫败而放弃长期耕耘市场的成果，积极争取政府给予更多的相关政策。

第二，必须要有勇于创新的精神。但这个创新不是盲目地开辟，而是聚焦在自己的主营业务上。对应秀珍来讲，就是"把外贸企业当成自己的娘家人，让它们不论遇到任何困难都会来跟我们讲，我们就深入倾听它们的需求，然后解决它们的需求"。比如上文提到的出口退税问题，应秀珍就曾利用自己的影响力，向上级领导提出，如果企业应该得到外贸部门的退税，但只是由于资金问题无法到账，那么是否可以由银行提供抵押贷款，来解决企业的资金问题。这一制度随后被上级部门采纳，并作为长期的政策推广开来。

第三，要有忧患意识。应秀珍坦言这是搞财务出身的人比较容易有的思维。"我在人家哈哈大笑、庆贺自己的成绩时，心里会有一个声音：你有这样值得高兴吗？你在前进的路上应该还有很多的问题没想到吧？"正是这种忧患意识让应秀珍懂得未雨绸缪，在危机到来之前提前做好准备。实际上，在 2019 年年底，国内疫情刚开始暴发之前，应秀珍就下令为平台上企业的出货做好了信用保险，让外贸企业吃下一颗定心丸。也正是这种思维，让她警惕目前外贸订单火爆、"一箱难求"的表面之下，未来半年疫情刚需退去后，海外市场订单回流的隐忧。如果只看表面，根据 2020 年下半年乃至 2021 年上半年火爆的情况，惯性思维下认为这一切大好局面仍将延续，从而掉以轻心，那么未来可能是要吃苦头的。但应秀珍也说，作为外贸人要居安思危，但归根结底最重要的还是要打造自身的竞争力。

学与用交融
其乐无穷

应秀珍在 2020 年参加了上海交大安泰经管学院中国 CEO 创新管理高级研修班的学习，"当然，我是有期望的"，她在认真权衡后作出选择，"我希望学到系统化的思维方法，提高自己的认知水平，理论结合实际，理论指导实践。"

应秀珍对她已经参与的课程评价非常高，认为其接轨实践，能立刻学以致用。

比如在"谈判路线图与定价权危机"这门课程的学习中，应秀珍很有感触：以前觉得谈判是一个真实的沟通过程，诚意为先，向对方不厌其烦地展示我们的优势，说服对方我们是值得这个价码的，结果谈得很辛苦不说，也经常铩羽而归。在刚上完这门课程之后，正巧赶上公司有场重大谈判，应秀珍便活学活用，避开对方锋芒，着重介绍自身优势，击中对方业务的痛点难点。

"双方环环紧扣、相辅相成的合作模式，完全可以实现 1+1>2。如果还是用以前的方法谈，不可能让对方甚至我们自己看到这些互惠互益的点。坦白说，这也是我第一次通过学到的知识，改变习惯性思维和转变观念的成功实践。"提到这次学以致用的谈判案例，应秀珍难掩激动。

除了自己带好团队之外，应秀珍也要求团队不要跟自己有太大差距，而是应该在同一水平线上，这样就能在一致的价值观和思维框架下，更快达成共识。基于这一考量，应秀珍在自己学习的同时，也推荐了团队内的 11 名高管来学习上海交大安泰经管学院高级工商管理高级研修班的课程。

团队一起学习的好处显而易见。在每次课程结束后，应秀珍和同事们即时展开小组讨论，重点围绕如何把所学到的内容运用于工作中的真实情境，复盘和推演，分析之后可以怎么运用，是否可以章程化并融入日常管理和内部培训中。

"外贸行业变化很快，我们既是被市场推着走，也希望能主动走出自己的那条路。"应秀珍正带着她的学习型、专业性、灵活务实型团队，在外贸这条路上砥砺前行。

张雁飞

打造属于自己的"小时代"

张雁飞
上海鸿鹄装饰设计工程有限公司总经理
中国 CEO 创新管理高级研修班（第 45 期）学员

编前语

鸿鹄装饰设计是一家集"设计、施工、服务"于一体的专业化装饰公司，也是最早拥抱互联网，以"高水准的设计品质、行业顶尖的设计全案跟踪服务水准、环保无忧的施工保障"获得市场青睐的品牌。在"整装"为主流趋势的市场，鸿鹄最早杀出"整装＋定制"的蓝海模式，从创业初期就一直坚持不过度营销，用实际作品说话，在业内建立了良好的口碑。

作为企业的创始人，张雁飞经历了从设计师到创业者的角色转变。随着企业的蓬勃发展，摆在他面前的问题已经没有现成模式可供参考，于是他决定"从零开始"补上"管理"这门课。2017 年，张雁飞正式成为上海交通大学安泰经济与管理学院创新管理高级研修班的学员。通过学习，他改变了以往对管理的看法，企业发展遇到的实际问题得到了最为系统和扎实的解答，不少知识被他"现学现用"地直接搬上企业管理流程，为鸿鹄设计的专业化发展乃至成为行业标杆，起到了举足轻重的作用。

张雁飞深刻地感受到："在风云变幻的市场，企业家们创造着属于自己的'小时代'，只有'知识'，才能让我们拥有与时代同频的能力。"

深刻洞察需求
坚持"设计创造价值"

2020 年以来，受疫情影响，整个家居行业面临新的挑战与机遇：行业洗牌，过时的商业模式正被逐步淘汰，家装企业开始探索新技术与新模式，并向着"以市场为导向，以消费需求为切入口，以流量为核心，以企业核心竞争力为驱动"的方向急剧变化。鸿鹄设计正是在此过程中涌现出的以设计和定制化服务为特色的新兴力量。

鸿鹄强调的"以设计文化为核心，用设计创造价值"正是顺应市场导向的选择。企业对内为团队成员树立"一切以设计成长"的职业发展目标，培养出一支能力出众的精悍团队，对外通过"更专业的设计、更标准的图纸、更规范的施工"最大化地帮助客户节约沟通成本和时间成本，为用户创造价值。

家装行业巨大的消费潜力有目共睹，谁能洞察需求，奉上客户需要的产品，谁就能在市场立足。

创业至今，张雁飞带领企业经历了无数变化，但始终不变的是坚持"设计为本"，也正是因为坚持了这个初心，鸿鹄并没有成为一家平平无奇的"整装"企业，而是走上了一条更具优势的专业赛道。

"整装企业拼的是供应链，鸿鹄本身的基因在'设计'。我经常参加机构交流活动，有很多老朋友觉得鸿鹄已经是一家向装饰企业迈进的公司，而我们提交的作品、服务的理念以及对产品效果的把控又显得十分专业，以设计文化为导向才是鸿鹄要走的路，这才是我们的核心竞争力。"

以高水准的设计为先导，以高于行业平均水平的全案跟踪服务为特色，以环保安全专业的施工为保障，深耕行业 12 年，鸿鹄已为 3 万余个上海用户提供了家装服务，积累了上千套品质与实力兼具的案例作品，并荣获 100 多项国内外设计大奖，通过了 20 多份荣誉认证，手握 10 多项施工专利。

从实景作品到供应链优化
永远跟自己"较劲"

在张雁飞看来，"效果把控"是装饰企业的"基本功"，也是品牌的竞争力。鸿鹄"超过95%"的设计还原度，让产品不仅仅停留在"效果图"阶段，"所见即所住"这个优势，让它成为客户信赖的品牌。

早在 10 年前，鸿鹄就开始坚持所有对外推广全部采用实景照片，而坚决不用一张效果图。也正因为鸿鹄秉持了这样的原则，才让品牌响彻长三角乃至全国的家装设计领域。

"和客户前期沟通的设计稿都只能算是'构思'，传统企业会把系统设计好的效果图当作品展示，但我们绝不这样做。因为完成作品依靠的是高还原度的施工、对设计的把控，以及材料及软装的呈现效果，所有因素加在一起难度非常高，任何一个环节出了问题都会与最初的构思有出入，因此，只有最终实景呈现的居家环境，才最能体现鸿鹄的实力。"

除了在推广上"不走寻常路"，鸿鹄在合作伙伴的选择上也有自己的原则，以"优胜劣汰"的方式优化供应链，让客户降低了"选择成本"，也为鸿鹄贴上了"品质保障"的标签。

装修消费是家庭消费中最复杂的一项，面对鱼龙混杂的服务公司，在将房屋全权交付出去之前，除了设计方案以外，困扰消费者的还有对材料的选择和施工的管理。"如果没有高效稳定的供应链配合，将直接影响设计的落地和施工工期，这种不确定性会大幅降低客户体验。"充分认识到这一点，让张雁飞少走了很多弯路。

近年来，鸿鹄设计从不单纯追求发展规模和速度，而是坚持"从源头抓品质"，与品牌美誉度好的供应商合作，着力打造稳定而有竞争力的供应链体系，加上有力的工程管控，鸿鹄的市场口碑正逐步走高。张雁飞感慨："能够整合产品供应链是一个装饰企业能否变成一家有竞争能力的整装公司的重要能力。当行业比较成熟的时候，供应链不断优化，对每一个企业都很重要。"

从设计师到创业者
思维升级渐入佳境

谈到企业管理，张雁飞坦言："做管理和做设计是两码事"。以前做设计，只要"一心扑在作品上，跟公司、客户、施工方、材料方做好沟通，等待作品成型"就行，而管理企业，要考虑的问题大而全：组建团队，整合产品链条，研发服务模型，考虑运营方式，等等。从设计师到创业者的角色转换跨度大、难题多，张雁飞能想到的破局方式唯有"学习"。

"当时，鸿鹄从设计工作室开始向企业转型，公司架构不清晰，工作配合不流畅，我对于如何管理公司很迷茫。同时，市场也在变化，主力客群从 60 后、70 后转向了 80 后、90 后，外部条件全都在变化，我开始意识到学习的重要性，果断地报了交大的 CEO 创新班。"

交大的课程给了张雁飞意外的惊喜，从营销到运营，从财务到人事，清晰的课程内容、系统化的学习方式帮他补足了一个企业管理者所应掌握的有效手段和工具。经过一段时间的学习，他对工作中的诸多问题都能清晰分类并快速找到解决方法，对于已经掌握的和还需补足的部分也都了然于心。除了具体的知识，这次求学更是建立了他与同事、合作伙伴之外的社交圈子，同学之间建立了深厚的感情，大家相互学习、互相支持，"我像是有了自己的'智囊团'，虽然已经毕业，但同学之间仍常常互通有无，这种感觉非常好"。

新的收获，新的开始，越来越好！

张　永

让生活更美好

张　永

江苏华天建设集团董事长

中国 CEO 资本战略高级研修班（第 24 期）学员

编前语

城镇化是国家现代化的重要标志。

官方数据显示，2020 年，我国的城镇化率高达 63.89%。按照全球城镇化普遍的发展规律，当一个国家的城镇化率处于 30% 至 70% 的区间时，一般发展增速会处于较快水平，而中国正处于这一区间。这个数字既展示出近 10 年来我国在城镇化发展上取得的巨大进步，同时也意味着城镇化过程中的巨大潜力。

在这轮建设中，从解决住房需求，到满足功能配套，从建新，到拆旧，中国工程建设的技术质量和综合能力都实现了飞跃式发展。

作为一家致力于为中国城市化建设及综合运营提供一流服务的大型综合性建筑集团企业，江苏华天建设就是国内建设行业的优秀代表品牌之一。

作为江苏华天建设的创始人，张永从一开始就秉持着"以人为本"的开发建设宗旨，响应国家政策要求，积极结合实际需求进行发展。

张永介绍，10 多年来，企业已经形成了集房屋建筑工程、市政公用工程、铁路工程、地基与基础工程、公路与桥梁工程、装饰装修工程、工程项目管理、工程造价咨询、招标代理等完整的建筑产品产业链条，先后荣获"省、市文明标化工地""江苏省文明单位""江苏省重合同守信用企业""江苏省建筑业百强企业"等多项荣誉。

站在企业发展 10 年之际，张永对未来的发展十分清晰："希望华天建设能发展为多元化的品牌公司，不仅有实力，有竞争力，更要有品牌力，有价值，真正能通过建筑产品的交付，通过我们企业的贡献，让生活更美好。"

十年三步走
步步为营

在张永看来，10年来江苏华天的业务发展历程已经走过了3个阶段。

"企业发展的第一阶段，我们的主要业务集中在铁路和市政方面。"张永介绍，江苏华天成立于2010年，起步的第一阶段主要是和央企合作一些大型的铁路施工项目。从最早单一的桩基施工，逐步发展为特大桥施工，在沪通铁路大桥南引桥项目的施工上，更实现了桩基施工到桥墩整体施工的跨越式发展。

鉴于优越的建设能力，从2016年开始，江苏华天开始和央企组成联合体共同参与项目施工。张永透露："华天和中国水电四局组成联合体，参与了徐盐铁路建设，并成功实施了站内施工。我们首度实现了从前期的拆迁、拿地、农民安置，到后期建设施工的全过程。"

2年后，以参与政府保障房领域的建设为标志，江苏华天的发展进入了第二阶段。"从2018年开始，我们进入了第二阶段，这一年开始，相当长一段时间内我们一直聚焦在房屋建设，并逐步做好从大型基建向房屋建设方向调整的布局和准备。从2021年起，我们会根据新的国家相关规划，包括市场方面的一些需求，重点关注房屋建设，进入业务发展的新阶段。"在张永的带领下，江苏华天目前已经形成了铁路建设、市政建设、房建这三大事业板块总承包的管理，成为一个多元化的集团性公司。未来3年内，江苏华天将继续围绕三大事业板块，紧跟国家"十四五"规划，投身城镇化建设，重点布局安置房、公租房、学校、医院等在内的房建业务。

守建筑质量底线
"智慧现场"领跑行业

建筑工程是关系到国计民生的基础工程。近几年来，随着城镇化建设的加快，对建筑工程质量的关注，已经成为社会的一大焦点。

作为建设企业的带头人，张永明白，对建筑质量的管控始终是企业的头号大事。这当中，施工现场更是质量管理中的痛点，人员多而杂，设备进出及使用杂乱，难以精细化管理。目前，大部分建设项目在施工阶段都缺乏有效的解决方案。

经过10年的摸索，张永给出了他的答案："智慧现场"，透明施工。

在江苏华天，有一个500多平方米的数字化调度中心，全部配备了智慧屏幕系统，专门用于质量控制把关。这套系统的终端是施工现场工人们佩戴的安全帽，通过对安全帽装配智能设备，将传统的安全帽打造成"智慧安全帽"——能实时反馈佩戴者动态的智能设备。"我们所有的人员安全帽一戴，我们的屏幕就能监控到各个项目的实时动态。"张永介绍说。

不仅如此，对所有进入施工现场的设备，张永还启用了另外一套系统——"鹰眼系统"。"在我们的施工现场，所有设备，包括外来设备，都必须安装'鹰眼系统'，保证统一管理。"

智屏系统、智慧安全帽及"鹰眼系统"，让华天的施工现场成为真正的"智慧现场"。配合这些系统，张永还组织编写了《企业质量管理手册》，分别对"质量""安全"进行规范，图文对照，参数明确，每周检查，每月评比。这不仅保证了建筑的规范施工，工作人员的安全生产，也大大提高了整体施工效率。

智能化管理，开放型业务，张永基于建筑质量为核心打造的竞争力，正在给江苏华天带来更好的机会。"从大的方向看，目前在政府层面的房建项目上，我们已经形成了一个全产业链，从招投标代理、造价咨询、设计、施工，到结算审计，打造了一个完整的代建中心的功能。"未来，着眼房建，做有实力、有价值、更有品牌力的企业，才是张永和江苏华天的真正目标。

"交泰投"整装待发
学有章法

《孟子·尽心上》中有句话：达则兼济天下。

张永以实际行动践行了这句话。

在带领企业向前稳步发展的同时，张永还以身作则，积极承担社会责任。据不完全统计，张永和团队曾先后多次对徐州市新元中学、徐州市第三十六中学品学兼优的贫困生进行了捐资助学；对徐州市贾汪区汴塘镇沿河村的家庭贫困户进行了物资捐助等。

"我们企业的使命定位，就是'建筑让生活更美好'。"说起企业责任和社会责任，张永感慨道，其实不止是提供简单的建筑，企业除了产品之外，还应该思考如何为社会生活的美好，做出更多的努力，提供更大的价值。让自己更具价值，让企业更有价值，已经成为整个团队的共识。

为了持续给"价值"加上砝码，张永从自己开始，打造出一个学习型团队。

2020年，张永参加了上海交大安泰经济与管理学院的中国CEO资本运作高级研修班。在交大学习期间，张永除了更好地系统性掌握行业专业知识外，也结识了更多的优秀行业精英，拓宽了视野。同时，通过系统地学习行业知识，尤其是财务方面的案例知识，大大提升了自己的管理水平，促进公司更好发展。

张永还透露说："我们已经成立了一个'上海交泰投合伙企业'，目前参与的同学们正在电子签名，准备领取营业执照。未来，我们还会整合班级同学资源，好的项目大家可以直接启动投资。"张永补充说："学以致用，学通学透，这是我认为交大课程给到我们最大的价值。"

赵慧娟

未来，在脚下绽放

赵慧娟
河南链多多供应链管理有限公司总经理
首席人才官课程（2020 年春）学员

编前语

"世界上大多数传奇，不过是普普通通的人把心意化作了行动而已。"

作为链多多的领头人，赵慧娟形容她这一路走来的创业历程就像无数次"破冰闯浪"。面对多变的市场和行业，她以女性特有的沉着力量，始终用自己的专业力量去拥抱变化，冷静应对。

创业 3 年间，链多多立足中原食品产业并保持高质量发展，每年 30% 的复合增长率让链多多成为区域速冻肉制品加工行业里的一匹黑马。3 年来，链多多培育了多个知名品牌，2020 年销售额突破 3.5 亿元，产品还多次获得河南省科技成果认定。

要快，更要稳，赵慧娟对链多多的成长有着清晰的路径标准。保持团队专业，创造产品价值，企业成长，必须坚持长期主义。

"想要引领一支团队，我一定得是跑在最前面的那个人。"抱着这样的信念，她始终保持昂扬的学习状态。2019 年，她参加了上海交大安泰的高级工商管理课程，转而又于 2020 年选择了继续深造，研修首席人才官课程。丰富的内容、科学的知识结构、合理的安排、优秀的企业案例，让她大开眼界。

从河南到上海，每月辗转上千公里按时上课，把知识和思考快速转化为企业发展的全新动力，在赵慧娟看来，这就是交大安泰高管课程的魅力。

选好赛道，坚定走下去

2006 年，赵慧娟从郑州大学金融学专业毕业后进入农牧企业工作，风华正茂的她进入企业一干就是 12 年。人力资源、财务、运营，她辗转于多个部门和岗位，事业风生水起之时她却对行业有了自己的看法：向食品企业转型才是农牧企业未来的发展方向。她与合伙人一同走访中部六省，并快速做出判断：本轮消费升级必定会为速冻食品带来巨大的机会。

这个判断让一家专注于速冻调理肉制品的企业应运而生。

直到今天，赵慧娟也从未后悔过当初的选择。

选一条赛道并坚持走下去，拼的是思考问题的角度和高度："这个行业本身是有门槛的。首先是消费者的认知，速冻食品安全、便捷，既能保存风味，又能降低品质损失，速冻食品获得消费者的认可是迟早的事。其次，近年来，社会冷链配套水平提升明显，干线物流成熟，到达终端的支线物流也在进一步提升，速冻食品爆发式增长指日可待。"基于对行业的深刻认知，链多多在速冻肉制品这条细分赛道上实现了加速奔跑。尤其是新冠肺炎疫情期间，大众餐饮消费方式的改变彻底激发了行业活力，链多多更是迎风而上，在需求端与供给端的有力支撑下，获得了长足的发展。

对于赵慧娟和现阶段的链多多来说，拓宽消费场景，提升研发创新能力以满足用户的新需求，整合产业链以求利益最大化，这些才是布局重点。和过去不同，在这个"去中心化"的时代，只需要打开全新的消费场景，彻底解决用户的问题，围绕痛点打造新产品，就有很大机会成就一个品牌。

为此，链多多在产品和渠道上进行了精心布局和有益尝试。

一方面，链多多在包装形式、整体口感上更贴近 90 后、00 后的消费选择，以炸鸡类产品为例，市面产品普遍是 380～400 克的家庭装，而链多多则开发了一款更适合单身者和小家庭的产品，甚至以 IP 概念打造新品。另一方面，渠道上，除了传统的农贸和商超以外，链多多更多地将渠道下沉，目光锁定在便利店、连锁餐饮、学校团餐以及电商，布局乡镇乃至五六线城市的销售终端，实现渠道"快人一步"。

"谁能离消费者最近，谁能跟消费者形成互动，谁就能成为终端市场的掌控者。"赵慧娟对市场的未来十分坚定。

坚持长期主义，成为中部"老大"

在赵慧娟看来，只有永远走在探索和迭代的路上，企业才能获得更广阔的发展空间。

创业 3 年间，链多多立足中原食品产业并保持高质量发展，每年 30% 的复合增长率让链多多成为区域速冻食品加工行业里一股不容忽视的力量。3 年来，链多多培育了多个知名品牌，2020 年销售额突破 3.5 亿元，产品还多次获得河南省科技成果认定。这一切与都与链多多坚持长期主义是分不开的。

纵观速冻调理肉制品市场，行业容纳了约 4 000 家企业，整体规模约为 1 300 亿元。进入稳步发展期的链多多，下一目标是成为行业的"腰部企业"。为此，链多多已建成三大生产基地，引入了现代化的高效管理方式，对食品加工进行了标准化、系统化、信息化深度改造，并建立了科学、完整的质量管理体系，计划 5 年销量突破 10 万吨。

谈到当下的发展，赵慧娟用"开足马力"来形容："我们每个月上市 3 款新产品，每 3 个月对新品复盘，同步优化下几个产品。只有保持这个频率，才能跟上市场的步伐。"据了解，新品在整个产品架构收入中占比高达 30%，高周转高去化，企业的复利效应逐步显现。

面对未来，赵慧娟有自己的打算："为了快速实现腰部甚至头部企业的目标，我们需要比别的企业付出更多，比竞争对手更努力，抓住行业小趋势，保持高涨的作战热情，我们才能赢。"

突破市场局限，不断自我绽放

"我来自河南，这个地方给人的印象一直是厚重沉稳有余，创新转型不足，这就是我到上海交大安泰学习的原因。"赵慧娟认为，作为一家河南企业，更要拿出勇气去探索、去转变，通过自己的学习为企业打造一支成熟且富有创新精神的团队。

经济红利、流量红利和消费红利齐聚的时代，为许多赵慧娟这样的中部城市创业者提供了施展拳脚的大好机会，而企业的快速发展，带来的是更迫切的学习和迭代需求。

因此，赵慧娟在以高管身份参加了 2019 春季的"高级工商管理课程研修班"后，课程还没有完全结束，紧接着又报名了"首席人才官（CHRO）"课程。她坦言："在交大的学习，让我受益匪浅。一是课程设计科学，帮我系统地梳理了知识架构，让我朴素的创业精神和管理方式逐渐系统起来。二是结识了许多优秀的同学，让我更加有精进的动力。"

从河南到上海，为了上课，赵慧娟不知疲倦地往返数千公里，每次时间都安排得很紧，但她总能抽出空档，和志同道合的同学交流收获。每次和同学通力配合完成小组作业，都让她有新的发现，这些都不断提醒她：要学习，要精进。

赵慧娟尤其感谢老师们的丰富经验，拓宽了她的思路："财务课让我以财务视角看公司决策，思考问题更加深刻、全面；tecmark 实战商战课，让我认识到战略和定位的重要性；优秀企业案例则让我找到了对标和前进的方向。"

和所有的女性创业者一样，赵慧娟一步一个脚印地为企业寻找生路，"即便创业是孤旅，也要走成坦途"。这支"中原玫瑰"正带着理想，带领企业走向更灿烂的未来。

赵　鹏

相信时间的力量

赵　鹏
上海东海压力容器制造有限公司总经理
高级工商管理课程研修班（2020年春）学员

编前语

20多年前，刚刚毕业不久的赵鹏对自己即将要面对的家族事业，踌躇满志。

压力容器制造，无论是20多年前还是现在，即便在制造业领域内，它都是专业度和垂直度极高的特殊领域：准入要求高，资金门槛高，专业门槛高，市场需求相对定向，对技术和设备的需求都要高于常规，尤其是行业的外部竞争环境要求高，是一个"全高"的传统行业。

那时候，还年轻气盛的赵鹏不是很理解，有那么多相对更"轻省"一些、时尚一些的行业领域，父亲为什么选择了这个？

转眼20多年过去了，从基层工作开始做起，历经销售、管理等多个岗位的锤炼，几年前，随着父亲正式把企业的交接棒放到他的手里，赵鹏已经完全理解了父亲当年的选择。

——立足自己的专业，不畏难，不畏苦，只要做对了事，成功，只是时间问题。

如今，上海东海压力容器制造成为国内三大核电设备制造商（上海电气、东方电气、哈电集团）的蒸汽发生器上部内件主要供应商。目前国内主要堆形的蒸汽发生器上部内件（包括法国M310、法国EPR、中核"华龙一号""广核华龙""国和一号"）均由东海参与制造，在蒸汽发生器上部内件制造上，东海已牢牢占据60%的市场份额，形成明显优势。

尽自己所能，把企业做成事业，时间会告诉你答案。

首批取证
压力容器专业设计生产品牌

1973 年，上海东海压力容器制造公司成立。

作为国内首批取得国家一、二类压力容器设计和制造许可证的企业，上海东海压力容器制造公司创立之初主要为化工、石油、冶金、医药、化肥、食品等行业提供高效专业设备和压力容器。2004 年起，公司开始进入火电设备制造市场，为上海电气集团提供水箱、除氧器等设备。

在赵鹏看来，上海东海的发展，与行业发展和城市布局的变化密切相关。就行业特点来看，压力容器制造本身就是一个细分市场，行业的外部竞争压力特别大。

此外，这个行业的发展有明显的地域特性。

"市场早期的时候，像 20 世纪末，国家上了很多石化项目，所以当时进入的企业特别多。在当时，行业发展的地域差异非常明显，上海制造在整个国内都处于行业头部地位。"类似上海东海压力容器制造公司这样的品牌，也跟着快速发展的石化项目，得到了快速成长，积累了丰富的经验。

但也正是随着城市发展对产业的需求，转型在 10 多年后慢慢到来。

在赵鹏的记忆里，竞争性增强以后，上海企业失去了之前在石化类项目上的传统优势。

"印象特别深的是 2015 年左右，我们参加中石化的招标，大概 100 多家企业里上海只有六七家类似于我们公司这种规模的企业。"赵鹏透露，由于传统压力容器制造业务属于非标制造，仍属于人力依赖较高的企业，制造业的竞争加强之后，成本成了影响企业发展的主要因素。尤其在上海，一方面，制造业发展所需的人力、厂房、设备等成本远远高于其他城市；另一方面，环保政策的高要求，产业上下游的战略移出，都给企业发展带来了新的考验。"从某种程度上，在上海这样的城市，制造业已经是'夕阳产业'了。"

发展中的问题，必须在发展中解决。

面对这一行业困境，赵鹏果断带领上海东海压力容器制造进行业务转型。

积极转型
布局核电配套行业

2006 年，国家开始布局核电产业发展。那一年，哈电集团也在寻找一家供应商来配套核电蒸汽发生器上部内件。在考察了上海东海之后，哈电对东海的生产质量、流程把控都给予了肯定。

随后，赵鹏和他的团队参与了巴基斯坦恰希玛核电站蒸汽发生器上部内件的制造，这一次合作，标志着上海东海压力容器制造正式进军核电设备制造领域。

从传统的石化等行业合作，转向核电等更为垂直的行业领域，这一业务的调整，在赵鹏看来，给上海东海打开了全新的视野。

根据赵鹏的介绍，2006 年之后，上海东海又和上海电器合作了国内的核电项目——红沿河核电站项目。其后，整个核电产业也在国家的推动下进入了发展阶段，上海东海也开始了核电领域的加速前进。目前，上海东海已经成为国内三大核电设备制造商（上海电气、东方电气、哈电集团）的蒸汽发生器上部内件主要供应商。

赵鹏透露，尽管近几年核电行业也有起伏，但上海东海已经实现了核电行业的稳定优势。国内主要堆形的蒸汽发生器上部内件（法国 M310、法国 EPR、中核"华龙一号""广核华龙""国和一号"）均由上海东海参与制造。"我们在蒸汽发生器上部内件制造上，已占据了 60% 的市场份额。"

2011 年，由上海东海开发的核电蒸汽发生器波形板，通过了专家会评审，打破了核电蒸汽发生器波形板长期由国外公司制造的垄断局面，成功运用在阳江核电站 4# 机组蒸汽发生器上。"作为目前国内唯一一家拥有知识产权的核电波形板制造公司，未来我们也会关注蒸汽发生器波形板适用的其他领域。"对于未来的发展，赵鹏信心十足。

学习 + 创新
"制造业二代"的坚守

赵鹏是名副其实的"制造业二代"。

2003 年大学毕业后，赵鹏先在上海松下等离子有限公司实习了半年，随后就进入上海东海压力容器制造有限公司。在父亲的安排下，从销售做起，开始全面了解公司业务。

"坦白说，工作的最初几年，我始终没有找到和本行业的共鸣感。"赵鹏坦陈，当时，面对外部充斥着的资本运作，自己心中对于传统制造业的前景并不看好。

改变是在与父亲的共事中发生的。"父亲几十年如初的行业热情，潜移默化中感染了我。我内心的浮躁一丝丝地消散，开始定心钻研公司涉足的产品。"如今，在赵鹏看来，父亲的事业早已经成为他的事业，"我们是民企，尽管公司规模有限，但可以在中国乃至国外的核电站内做出贡献。这种社会价值感是无法用货币衡量的，我也真正体会到了父亲持之以恒的不易"。

2020 年 7 月，赵鹏进入交大安泰学院高级工商管理班开始了学习生活，通过将近 1 年的学习，对工商管理学有了更专业的理解。他表示："印象最深的是由陈桦教授为我们讲授的'管理决策与实战模拟（TECHMARK）'课程。两天一夜的TECHMARK 课程最终由我们团队获得了小组第一。在这次课程中，我充分体会到在同等条件下，管理层的每一个决策都决定了一个企业的发展。一个健康的企业必须具备强有力的执行力、充分的沟通和信任。"

赵鹏表示，交大的学习对他的影响非常大，也希望未来的课程除了分享大型企业的成功经历，还能增加些小微企业的案例，"我希望更多像我们这样的企业能得到更专业的发展"。

周玉波

勇立潮头

周玉波
宁波长阳科技股份有限公司副总裁
高级工商管理课程研修班（2020 宁波班）学员

编前语

周玉波的头衔很多：浙江省"万人计划"科技创新领军人才、浙江省 151 第三层次人才、宁波市领军和拔尖人才第二层次、浙江省优秀共产党员、宁波市优秀共产党员。在员工眼中，周玉波待人亲切，没有一点领导的架子，相比"周总"，大家都更喜欢叫他"周博"。

2010 年，长阳科技正式成立并四处招兵买马，以做大做强薄膜产业上下游为目标，立志成为国际一流的功能膜公司。看到公司前景大有可为，周玉波毅然决然地加入了长阳的团队。从首席科学家、党支部书记到公司副总裁兼尖端材料研究院院长，他以一个科研工作者的身份见证了企业的飞速成长，实现了个人事业的加速蜕变。

周玉波与上海交大的缘分颇为深厚：2005 年，他攻读材料学博士，在闵行校区化学楼度过了 3 年安静又充实的时光，切身感受体会到"求实学，务实业"办学宗旨背后的深意。2020 年，他再次走进上海交大，和上次不同，这次是以企业管理者的身份深造。

"好风凭借力，送我上青云"。但"好风"也青睐于提前做足准备的人。面对新机遇，在事业"快进"的过程中，如果没有提前准备，单靠紧急换挡是很难实现的。交大安泰的课程，为管理者们的全速前进提供了最佳助力。在这里，周玉波收获了从学习工具、管理决策、实战模拟到产品战略、定价、研发等一系列理论知识，更为深刻地理解了公司业务和未来的方向。

破题"卡脖子"技术
从依赖进口到走向世界

长阳科技旗下汇聚了一批周玉波式的顶尖技术人才,具备解决产业链中"卡脖子"技术难题的能力。强大的科研创新能力是企业快速发展的原动力,也是长阳科技的生命力所在。

提起长阳科技的第一款产品,周玉波至今仍记忆犹新。2010 年以前,国内光学膜领域基本处于技术空白期,同时国外光学膜厂商对我国实行严格的技术封锁,导致我国光学膜严重依赖进口。长阳确实是在啃硬骨头,一个点一个点地突破。"长阳科技公司注册的时间是在 2010 年 11 月,而公司第一代产品光学反射膜样品在 2011 年 8 月就成功下线了。"短短 10 个月研发出的这个新产品,填补了国内空白,打破了美国、日本、韩国巨头在光学膜领域的技术垄断,综合性能达到国际领先水平。第一代反射膜问世,使长阳成为国内少数几家掌握光学反射膜制备技术的企业之一。

在此后的 6 年里,长阳科技迅速攻克反射膜技术的各个难关,2017 年年末,公司已成为全球光学反射膜细分行业的龙头企业,反射膜出货面积位居全球第一,完成了反射膜的全面进口替代,打破了国外厂商长期以来的垄断。在周玉波看来,解决"卡脖子"问题的意义不仅是实现中国科技创新发展,更是促进国内经济健康发展的必然选择。周玉波感慨道:"2012 年至今,反射膜从当时每平方米几十元的价格降低到每平方米 10 元左右,从依赖进口到进口替代,每年可以为国家省下几亿美元。"

2020 年开始,新冠肺炎疫情开启的宅经济使消费电子和显示终端需求迅速增长,也给长阳科技的主要业务带来了发展机会,企业在快速发展中实现了自我调整和升级。事实证明,提前布局一些前沿领域,在关键时刻做勇敢的决定,是科技企业必须面对的。

全球化是未来趋势,周玉波和长阳要做的,就是在别人退缩时,再勇敢一点。

打造"长阳速度"
很难,但每一步都扎实

说起"长阳速度",周玉波十分自豪:"这 11 年,长阳一直在奔跑。2011 年新厂奠基，2012 年第一代产品问世，2017 年反射膜市占率全球第一，2018 年成为国家单项冠军，2019 年科创板上市，我们每一步都走得很难，但每一步都走得很扎实。"

周玉波用一连串的数字来形容这个"扎实"：自投产以来，近 8 年主营业务收入复合增长率高达 47.65%，近 3 年净利润复合增长率为 78.17%。合作伙伴来自业内知名企业，如韩国三星、韩国 LG、群创光电、京东方等。

2020 年，突如其来的新冠肺炎疫情带火了宅经济，刺激电子消费和显示终端需求井喷式增长。疫情期间，"生产线满负荷却仍供不应求"，目前，长阳科技新建的四号线正在紧锣密鼓地调试，并快速跟上产能。

周玉波信心十足地说："我们定下了'10 年 10 张膜'的目标，瞄准一个'卡脖子'的领域进行自主研发，实现国产替代。在这个基础上投入公司全部的人力、物力和资源，进行产品开发、产能建设，从而在这个行业内最终做到数一数二。"

在他看来，"10 年 10 张膜"与"10 年只做膜"之间是一脉相承的。反射型功能膜不断开拓新的应用场景将直接帮助长阳做大、做强。光学基膜将是长阳突破核心技术壁垒、完成产业化及全面进口替代所打造的第二个冠军产品系列，在这方面的研发投入，是不计成本的。此外，周玉波还带领长阳锚定"新型显示、半导体、5G"三大应用领域，重点开发相关重度依赖进口且急需实现进口替代的关键性产品，储备技术能力，以适应快速迭代的未来科技前沿新品。

成功的企业绝非一日之功。企业的视野越广阔，就越容易触碰"边界"，长阳正是在这一张张逆境考卷中，一点点找到了属于自己的答案。

自我突破
理论与实战必须双强

"智者虑事，虽处利地，必思所以害；虽处害地，必思所以利。"

真正能够引领企业长久发展的，是管理者自身的不断突破。长阳科技的飞速发展并没有让周玉波停下脚步，相反，他再次走进了课堂。

2020 年，周玉波带着兴奋的心情加入宁波交大安泰班的学习，"很幸运能在上海交通大学进行两轮修学，第一轮深化我的专业知识，第二轮提升我的管理理念"。在周玉波看来，宁波班的学习是一个赋能的过程，通过模块化的系统学习掌握现代企业管理理论和决策方法，深入了解国内外企业的商业模式。通过学术与人文讲座、移动课堂、安泰论坛等各种方式，他开阔了视野，提升了商业敏感度，增强了实战能力。

这当中，令周玉波印象最深的课程是"管理决策与实战模拟"，它涵盖了商业策略、产品战略、产品开发、财务核算等一系列内容，并以理论与实践相互对照，针对企业管理层面具有普遍性的问题进行系统梳理、剖析。

周玉波透露，他所在的宁波班汇聚了宁波江北区一批企业的中高层，大家既是同学又是朋友，彼此之间可以就专业和工作进行很好的沟通，"每个月各个方面知识的学习让我收获满满，2021年3月的管理决策与实战模拟，让我感受到产品战略、定价、研发等板块工作的联系和重要性。交大的教育兼前沿性、实战性、启发性、针对性、专业性于一体，把专业课讲深，把管理课讲透，是非常好的体验"。

随着科技企业的快速崛起，传统教育模式培养的专门型人才，也必须在企业活动中更为全面地打造个人能力，向着"复合型人才"全面进步。唯有如此，企业和个人才能紧跟时代趋势，真正地勇立潮头。

推动社会经济发展

把握"已知"，探索"未知"——卓越领导者后E课程研修项目

项目简介

当前的世界精彩纷呈，商场变幻莫测，企业家们如何面对不断发生的变革与颠覆？更完美的提升，更长久的传承，在于对"已知"的探索和把握，精益求精，历久弥新；更辉煌的未来，更广阔的机遇，在于对"未知"的影响和创造，大象无形，潜移默化。拓展认知边界，持续提升自我，是高层企业家们努力探索的方向。

"卓越领导者后E课程研修项目"（见图1）为持续学习的高层企业家量身打造，秉承学院"纵横交错，知行合一"的战略方针，通过创新学习模式，课堂教学、行业实践和公益活动三位一体，紧密衔接，打造具有历史使命、胸怀天下的行业领袖。通过五大模块、九个方向的课程设置，从"已知的已知""已知的未知"和"未知的未知"三个方面入手，帮助企业家成为卓越的引领行业先锋实践的企业领导者，实现卓越的管理变革与企业发展战略转型，汲取人文精华，提升气质修为，再攀人生巅峰。

拓展认知边界

"这个世界唯一不变的就是改变"，我们处在一个充满不确定性的环境中。为了应对不确定性的影响，上海交通大学安泰经济与管理学院副院长刘少轩提出了

图 1 开学典礼

STEEP 模型。这个模型表明我们处在一个深不可测的世界当中。深不可测的不确定性主要源于五个方面：社会、技术、经济、环境以及政治法律。未来的不确定性可以分为三类：已知的已知、已知的未知、未知的未知。

"已知的已知"即帮助企业家们从现有的事实中去探索世界内在的逻辑，包括认知重启、认知经济和认知资本三个方面。智能、技术和商业的发展和变化都是日新月异的，这些领域的发展速度和更新速度都异常迅速。这三个领域是大家都知道的"未知"领域。"已知的未知"即帮助企业家们在更深入地了解了经济和资本的内在逻辑之后，在智能、技术和商业这几个细分领域，结合上海交大其他院校的优质资源，进一步把握底层规律，包括洞见智能、洞见技术和洞见商业三个方面。"已知的已知"和"已知的未知"都对逻辑和规律进行了探索和总结，也进一步更新了对于经济环境和商业环境的认知和经验，对于未来，也能进行更好的指引。后续，企业家们要挑战的，就是"未知的未知"，从而去影响未来的趋势。"未知的未知"包括突破财富、突破人生和突破未来。

对于学员来讲，参加课程的收益是全方位的，突破了单纯的知识提升的范畴。

当前学院秉承"纵横交错，知行合一"的发展战略，以行业研究为抓手，形成了实践、学术、教学三者之间的良性循环，循序渐进，促进学术成果应用到商业实践中，帮助企业解决实际困难。依托上海交大的综合性学科建设优势，整合其他理工科类学院的前沿研究和实践成果，可以跨学科对接产学研，将商业与研究进行对接，既能实现研究成果转化落地，又能为企业找寻优质项目，帮助企业实现转型升级。师资方面，集合了名校教授、知名学者、企业家、政府官员和业界精英，从理论到实践全方位进行教学和引导，帮助企业家们打通知识和实践的鸿沟，真正实现"知行合一"的目标。同时，校友平台和终身学习对企业家也具有重要的价值，交大安泰搭建了校友间充分交流、沟通互动的平台，塑造校友间学习共进、合力共赢、感恩回馈的文化，打造纵横交错的网络，链接起全球四万余名上海交大安泰校友。在课程进行过程中和结业之后，持续为企业家们提供丰富多样的学习机会，例如校友论坛、企业参访、国内外游学等，不断地帮助企业家们及时更新知识和提升能力。

践行社会责任

秉承达济天下、奉献社会的理念，"卓越领导者后 E 课程研修项目"通过开展"益朵云"主题公益项目（见图 2），突破传统的课堂教学形式，创新企业家群体的继续教育方式，弘扬社会主义核心价值观，寓教于公益，助力脱贫攻坚和乡村振兴战略，鼓励企业家积极践行可持续发展、绿色低碳等企业社会责任，以系列主题公益活动（环境治理与生态保护、区域经济与行业支援、对口扶贫与智力援滇）带动企业家群体参与实践，发挥企业家的主观能动性，破解企业家继续教育学习中价值塑造的难题。

"卓越领导者后 E 课程研修项目"的教学逻辑主线为：认知—洞见—突破。基于这个主线，公益项目"益朵云"也是围绕"已知的已知""已知的未知"和"未知的未知"，呼应"认知—洞见—突破"的逻辑主线，分两个方向对主逻辑进行诠释和实践。整个公益过程既是企业家精神的体现，也是企业社会责任感的展现。

在企业家精神方面，深入贯彻落实习近平总书记在企业家座谈会上提出的"弘

图2 "益朵云"公益行

扬企业家精神"重要指示精神，从提升家国情怀的纯度、应变能力的灵敏度、创新意识的锐度、实干品质的厚度四个维度入手，切实将涵养企业家精神作为提升企业核心竞争力的重要途径。在讲座内容和活动安排上，围绕企业家精神的四个方面，重点关注家国情怀、变革、创业、创新、坚持、突破和传承等方面的内容。在企业社会责任方面，企业家只有具备强烈的责任感与使命感，以助力社会发展为己任，才能得到社会各方的信任与尊敬，才能实现更大的发展。围绕企业社会责任感，重点关注社会公益事业（扶贫、助学、支持创业等）、可持续发展、绿色低碳环保、区域扶贫与经济拉动、社会关注与正能量弘扬等方面的内容。

感悟大爱公益

扎根中国管理实践，推动社会经济发展，这是上海交通大学安泰经济与管理学院在培养卓越优秀商界人才的过程中一直秉承的理念，也是商学院在发展过程中的社会责任。当企业家们站在洱源县这片热土上时，内心也在思考：我们双肩究竟担负的是什么？或许是对山川河流的热爱，或许是对产业发展的关切，或许是对人生价值的追求，或许是对美好生活的向往，或许是对内心平静的期盼。

益朵云，美丽的名字，丰富的内涵，广阔的外延，可是都离不开交大人内心价值的付出。在洱源县，企业家们一起感悟了交大人为当地绿水青山和村民安居乐业的美好蓝图所付出的大爱（见图3）。上海交通大学云南（大理）研究院的教授专家和老师们这里扎根16载，立足大理，服务云南，对标国际，赋能全国。在这里，企业家们看到了洱海的清澈，看到了候鸟的翱翔，这些景象都在述说交大人兴建水体净化工程的攻坚克难，述说交大人修建提水工程的昼夜更替，述说交大人通过选品育种来丰富生态圈。

图3　交大安泰学员在洱源参加劳动

在当地，企业家们洞察到了企业转型的态度和魄力。顺丰肥业在当地建立了全覆盖的有机废弃物的统一回收站，通过有机肥料生产、家庭庄园服务、新能源燃料加气站运营等业务模式变废为宝，形成生态反馈的闭环。洱宝集团充分发挥非物质文化遗产的精神引领，围绕着梅文化做梅子深加工，带动当地老百姓的就业转型。生态企业孵化平台围绕着洱海治理的工程建设不断探索科学技术创新，并梳理环境治理模式，形成环保生态的整体解决方案。企业背后是行业，行业背后是产业，产业是推动社会经济发展的主动脉。在洱源，绿水青山就是金山银山的价值基因已经深深地根埋于这条主动脉之中。

"纵横交错，知行合一"，这是安泰人的战略方针和行动指南。安泰人把学术领域的前沿理论谱写在祖国的万里河山和广阔大地之上，这样理论就有了实践的土壤，实践就有了理论的浇灌。教授和企业家们在与当地企业家和政府领导官员座谈的过程中，把自己的所思所想凝练成支持当地区域发展的合理化建议并给出了具体的行动计划，并愿意为行动计划贡献各自的力量和资源禀赋，这是一次深刻的践行。

融合创新，砥砺前行——2020上海市科技企业家创新领导力项目

项目简介

"创新是第一动力，人才是第一资源。"

当前，上海正处于创新驱动发展、经济转型升级的历史性跨越阶段。继打造国际经济、金融、贸易、航运"四个中心"之后，上海正在加快推进建设"第五个中心"——具有全球影响力的科技创新中心。企业，尤其是科技型中小企业，是创新的主体，是推动创新创造的主力军。推动创新的核心是要培养和集聚一大批具有全球视野的创新人才，在上海这片热土上创新、创业和持续发展，带动形成一大批具有全球竞争力的企业，最终使上海成为全球创新网络的重要枢纽，跻身全球重要的创新城市行列。

"上海市科技企业家创新领导力项目"（见图1）是为上海市科技型中小企业的企业家量身定制的专项课程，包含远见创新、创新方法、创新领导力、科创对接、融汇交通等多个课程模块，通过多维度课程体系，结合多种教学方式，帮助科技企业家完善知识结构，解决实际管理问题，获得创新思维、管理理念及领导力的全方位提升与发展。

融合创新，整装再出发

"2020上海市科技企业家创新领导力项目"的前身是"浦东新区企业家创新领

图1 创新领导力项目学员在上课

导力项目"。为提升浦东新区科技企业家的创新思维和领导力，浦东新区科技和经济委员会自2009年启动"浦东新区企业家创新领导力发展计划"，由上海交通大学、复旦大学、上海大学等高校承办。截至2018年，共举办了8期研修培训班，600多家企业的900多名企业家参与其中。其中，上海交通大学安泰经济与管理学院共培养了来自浦东新区200多家企业的300多位学员。通过学习，企业家的个人创新意识和管理能力获得显著提升，一大批创新型企业从中脱颖而出，成为带动浦东新区经济增长的新动力和新引擎。"浦东新区企业家创新领导力项目"成为浦东新区人才培养的一个品牌项目。

鉴于"浦东新区企业家创新领导力项目"良好的口碑和社会影响力，2018年年初，上海市科委提出把"浦东新区企业家创新领导力项目"从浦东新区升级扩展到全市，经过2018、2019年两年的资源协调和政策准备，终于在2020年启动招生。

在课程体系和教学形式上，"2020上海市科技企业家创新领导力项目"（见图2）在"浦东新区企业家创新领导力项目"往期课程的基础上，广泛听取学员们的意见和建议，对课程和师资进行了调整优化，使课程更贴近学员们的需求。教学

图 2 2020 上海市科技企业家创新领导力研修班

方式也更为多样和丰富，除了课堂讲授和案例研讨等传统教学方式外，管理实战、情景模拟、项目作业、名家论坛、国内外移动课堂等新颖的教学方式也融入课程中，实现了理论与实践相结合。课程设置包括远见创新、创新方法、创新领导力、科创对接、融汇交通等多个模块，精选 EMBA 核心课程中的"战略人力资源管理""市场营销""税收制度解读""谈判与沟通"等课程选修，丰富知识结构，让学员得到更全面系统的学习机会与管理提升体验。上海交通大学行业研究院为项目提供学术支持。行业研究院以培养领导力为主线，强调商业实践与行业研究的结合，"实践—学术—教学"，以行业为载体，研究行业发展的内在规律和未来趋势，打破学科之间的分割，形成学术和实践的双向互动，致力于把高水平的理论研究成果转化为高质量的应用研究成果，赋能中国经济发展。

守正出奇，持续勤学习

社会的不断进步和知识的迭代升级，使得持续学习成为企业家们必然的诉求。如何全面提升管理能力，激发企业活力，成为许多企业家思考的首要问题。"2020

上海市科技企业家创新领导力项目"从技术路径、平台模式、研发管理、资本助力、政策引导、实践对标等多个维度，系统总结创新方法，全面梳理提炼创新在企业运用中的作用和影响，帮助企业家们对照自身企业进行改进和提升。同时，注重中国传统文化的传承和人文素养的培养，通过学习文、史、哲，静心明志，提升境界，丰富企业家的人文精神和内涵，塑造积极心态，激发卓越领导力，使其具备作为企业家应具有的视野和胸怀。

创新领导力俱乐部副会长、上海华强环境科技工程有限公司总经理丁少华在分享自己的感悟时说道："在 5G、人工智能等新基建领域，取势明道优术，探索企业持续核心竞争力，不断学习是解决问题的绝好途径。让高管们一起学习，才能在企业内部同频共振，从技术走向管理，从管理走向领袖。未来领导力是一种非权力影响力。"

深度思考，理论促实践

"纵横交错，知行合一"是交大安泰的发展战略，学院正在建设一个理论和实践密切结合的新模式，形成实践、学术、教学三者之间的良性循环，打造健康的商学生态圈。只有将理论和知识应用到实践中去，才能最大化地发挥其价值和作用。

"创新领导力项目"充分利用交大技术、工程、医学等多元的学科优势，走进交大重点实验室、工程中心等，了解最新科研成果并进行对接；海外创新资源对接活动，为企业家对国际化的创新诉求进行精准对接，以技术驱动创新。此外，还加入了上海市科技企业家创新领导力项目平台，政府、高校、企业三方资源汇合融通；帮助企业家们加强与政府部门的沟通，了解最新政策信息，促进企业创新发展；与来自全市高科技行业的优秀企业家同窗学习、深入交流，获取商业灵感，相互创新合作，助力企业快速发展。

上海市科学技术委员会创新服务处处长刘晋元为学员解读国家政策时，鼓励企业家们进行科技创新，增强企业的创新振兴力。在当前全球环境下，中国企业更需要科技创新力来推动国家发展。目前从企业培育和发展成长等各方面，上海市科学技术委员会都做了深度思考，在人才引进、企业融资发展等方面都有不同的鼓励政策和相应的支持措施，帮助企业持续创新。企业创新离不开企业家自身对创新的决心和孜孜不倦的精神，希望同学们利用交大安泰的平台和学习机会，深入思考企业如何进行科技创新。

不忘初心，成长共提升

百战归来再读书。上海金慧软件有限公司董事长钱则民分享了自己的创业经历、企业发展情况，并指出：作为科技企业的企业家，担负着社会责任，希望通过安泰经管学院平台在未来的学习中获得更多最前沿的信息和最实战的操作经验，同时希望与同学们在学习中交流碰撞，相互借鉴，不忘初心，共同成长。

"创新领导力项目"不仅是一个获取知识的平台，更是一个结识志同道合的伙伴的平台。取得上海交通大学校友资格后，可以共享交大各学科发展平台、安泰学院优质教育资源和校友资源，建立和拓展人际关系、业务网络。以校友身份免费参加交大安泰经管学院主题丰富的高端论坛、精彩讲座和校友活动，持续学习提升。

交大安泰经管学院副院长刘少轩也指出，学院会持续努力打造一个健康广阔的"商学生态圈"，与校友们承担时代使命，共同发展。同时，刘院长提到创新型企业在未来的发展过程中应肩负的责任和能力，在产业发展过程中，国家和政府都离不开企业的支持和支撑，殷切希望同学们教学相长，学学相长。

共筑人才梯队，共创金融未来——申万宏源 2021 中青年干部培训班

项目简介

申万宏源集团股份有限公司是一家中国领先的以证券业务为核心的投资控股集团，长期以来以高质量的增长在中国证券行业确立了多方位的领先地位。作为一家中国领先的以证券业务为核心的投资控股集团，充分利用"投资控股集团＋证券子公司"的双层架构优势，不断巩固和提升证券业务行业地位，并围绕证券业务加强投资业务布局，打造综合金融服务闭环，持续构建以资本市场为依托的投资与金融服务全产业链，为客户提供多元化的金融产品及服务。

作为一所国内领先、全球一流的商学院，上海交通大学安泰经济与管理学院坚持"纵横交错，知行合一"的战略，持续推进"校企合作、产学双赢"，赋能企业的发展，承办了申万宏源集团股份有限公司 2021 年中青年干部培训班（见图 1）。本次培训突出问题导向，坚持学以致用，旨在提升学员解决实际问题的能力。本次项目聚焦后备人才能力提升，涵盖党性教育、管理能力、领导力、前沿学科等主题内容，结合行动学习工作坊、案例研讨、外部参访等多种培训形式，赋能中青年骨干，助力人才发展。

人才强企，扬帆远航

功以才成，业由才广，人才是企业的发展之本和强大之源。申万宏源本着"聚

图1 申万宏源2021中青年干部培训班开班

天下英才而用之"的原则，将完善的人才机制作为公司的核心竞争力之一，坚持以人为本，秉承德才兼备、任人唯贤、人尽其才的用人理念，营造公开、平等、竞争、择优、适用的用人环境，持续完善以市场化机制为核心的人力资源发展体系，促进公司、股东和员工利益共享，为员工的长期发展和自我价值实现提供持久坚实的职业保障。为了进一步加强对申万宏源中青年后备干部的培养，提升中青年后备人才的党性修养，开拓战略思维，增强领导能力，培养一批学习型、知识型、智慧型的优秀中青年后备干部，锻造一支理想信念坚定的中坚力量，中投公司和申万宏源党委统一部署，按照公司党校的总体安排，委托上海交通大学安泰经济与管理学院高管教育中心对来自申万宏源集团、证券及子公司的中青年后备干部进行系统性的培训。

本次培训受到安泰经管学院的高度重视，由安泰高管培训中心相关课程的学术主任、课程经理和客户企业的负责人联合组成合作小组，明确企业需求，确立培训课程的目标和框架。同时，富有学术研究和企业咨询经验的学术主任、课程经理也帮助企业分析自身面临的挑战和问题，找准短板，对症下药。经过深度交流和严密分析，安泰高管教育中心给出了相应的定制化、问题导向的课程方案。安泰高管教育中心还灵活安排培训的时间、地点和形式，专人、专业、专心为企业提供从学术到后勤的一系列定制培训服务，并及时根据客户的反馈进行实时的调整和升级。为期6个月的学习过程，不仅让学员获得了知识的增长和能力的提升，也为企业提供了以产业、行业深入研究为基础的整体解决方案和实际价值。

在开班仪式上，申万宏源集团和证券公司党委委员、监事长、党校校长徐宜阳在致辞中向学员寄予厚望，提出了"四有"思维模式："心中有数"，对工作和学习进行系统的梳理；"工作有路"，通过学习形成自己独有的工作思路；"处事有招"，解决实际问题，找到属于自己的招法；"管理有效"，培养在实际业务拓展中的有效性。希望学员们始终以问题为导向，坚持学以致用，培养一支申万宏源攻坚克难的主力队伍。

在课程方面，将围绕宏观视野、政策解读、管理创新、领导力与前沿技术五大板块，通过模块化系统学习，完善学员的管理知识结构，帮助其掌握现代企业管理理论和决策方法，深入了解国内外企业的商业模式并全方位提升管理理念。在教学形式上采用多种教学方式：课堂讲授、案例研讨、管理实战、情景模拟、项目作业、移动课堂等，并结合行动学习模块及企业实践中遇到的问题，通过充分研讨，帮助企业测评人才，与企业共筑人才梯队，共创金融未来。

思维创新，管理提升

扬帆远航，始于"学"。中青年后备干部的成长和成才，离不开系统化的知识结构和管理技能，创新思维，提升管理。

针对企业的需求和学员的特点，为期 6 个月的模块化课程安排，旨在让学员们系统学习现代企业管理理论和决策方法，完善知识结构，全方位提升管理理念，促使企业具有更强的战略适应力及高效的运营效率。同时，深入了解国内外企业的商业模式和管理实践，开拓战略思维，提升实战能力（见图 2）。

历史是最好的教科书。坚持什么样的历史观，怎么样看待历史，直接决定着人们汲取什么样的历史经验、历史智慧。通过"习近平的历史观与百年党史"课程的学习，学员们学习了如何从历史长河、时代大潮、全球风云中分析演变机理，探究历史规律，提出相应的战略策略，增强工作的系统性、预见性和创造性。企业发展必须把握中国宏观经济发展趋势和特点，"宏观经济与企业应对策略"课程通过对中国经济发展的解读和市场经济环境的分析，给出企业在公司战略、企业运作等方面的应对策略。"管理决策实践"课程，致力于帮助中青年后备干部们了解"领导"以及"领导活动"的基本规律，形成现代的、科学的领导理念和思维，掌握科学的决

图2 培训班学员在上课

策方法和理论，并结合实际提升自身的领导能力。"自我认知与行为领导"课程对学员们进行科学、专业的测评，帮助学员们了解自己的性格特征及管理风格，科学地管理团队，用人所长，最大化地发挥人力资源效用。这些模块化、系统性的课程，对于中青年后备干部培养商业敏感度和人文精神，提升实战能力，迎接新的市场变革带来的挑战具有重要的促进作用。

知行合一，学以致用

扬帆远航，精于"习"。中青年后备干部的成长和成才，也需要不断地实践、调整和反思，知行合一，学以致用。

在培训体系中，导入"学以致用"学习计划，通过行动学习和管理实践论文撰写输出学习成果运用到实际工作中，将知识技能转化为组织绩效。以纵横交错、知行合一的指导思想组织小组课题研究及个人案例撰写，解决工作中实际的痛点，为企业产出工作解决方案，并跟踪人才发展表现，协助企业共建人才档案库。

在行动学习工作坊（见图 3）中，由上海交通大学组成的导师团队为学员们讲授方法和工具，学员以小组为单位围绕集团和证券公司各条线提供的议题，针对确确实实对业绩的成长和公司发展有重大影响的问题，制定行动学习计划，结合公司转型发展中面临的实际问题和具体挑战进行研讨。行动学习不是一个静态的概念，而是一种状态的描述。这种状态是永远在持续地通过所有成员的投入不断地丰盈组织的生命力，不断地赋能组织成员的成长，共同追求与实践个人和组织的愿景。

图 3 行动学习工作坊

本次培训期间，按照班级自治制度进行管理，班委们大胆负责、严格管理。学员和班委们协同共创，学习氛围十分浓厚。在知识输入的同时，各小组进行学习研讨，采用体系化的方式输出研讨作业 60 份，沉淀上万字学习干货，真正将学、思、践、悟落到实处。

在学习研讨之余，学员们怀揣跨界学习的热情参访了宝武集团等实体企业，学员们表示通过此次参访更加坚定了金融服务实体经济的初心和使命。

完善经济管理理论

尹海涛

电动汽车和氢燃料电池汽车：谁更能代表未来？

尹海涛：上海交通大学安泰经济与管理学院教授，上海交通大学行业研究院新能源发电和储能行研团队负责人

殷俊舜、宋沁轩、潘政麟：上海交通大学行业研究院新能源发电和储能行研团队成员

2020 年以来，电动汽车风光无限。特斯拉、比亚迪、蔚来，这些电动汽车领域的龙头企业，都受到了资本市场的青睐。

与此同时，氢燃料电池汽车凭借节能环保、排放零污染的特点，成为汽车低碳化的又一重要战略发展方向，在世界各国引起了广泛关注。2019 年，日本发布了《氢能与燃料电池战略规划路线图》；2020 年 11 月，美国制定了《氢能计划发展规划》；2021 年 3 月，中国在第十四个五年规划和二〇三五年远景目标中将氢能与储能列为国家六大未来产业之一。这些规划都将氢燃料电池列为未来能源产业发展的重要方向。

理论上，氢燃料电池汽车能够成为"仅仅排放纯净水"的交通工具，虽然可以做到足够洁净，但其易燃的特性又在安全性能方面埋下了隐患。

如果将氢燃料电池汽车和电动汽车放到"安全"和"环保"的擂台上 PK，谁更能代表未来？

安全性能，谁更强？

无论是电动汽车还是氢燃料电池汽车，用于提供动力的电池的安全性与可靠性是新能源汽车行业最为重视的课题。

先来看电动汽车。电动汽车的安全性主要取决于动力电池的安全性。三元电池是目前电动汽车的第一选择，与磷酸铁锂电池相比，其安全性能较低。近期蔚来汽车在事故后的燃烧，以及此前关于电动汽车自燃事件的报道，都引起了人们对电动汽车安全性方面的担心。

因此，针对动力电池安全性的研究正在积极展开。目前，锂电池的安全性理论上限再获突破，动力电池通过"针刺"实验。

广汽集团最新研发的弹匣电池系统，在安全性技术方面首次实现了三元锂电池整包针刺不起火，比亚迪在 2020 年研发的刀片电池也通过了锂电池针刺测试。在 2020 全球智慧出行大会上，中国工程院院士孙逢春也已经证实，2019 年中国电动汽车起火的概率只有万分之 0.49，2020 年这一概率下降到万分之 0.26，是同期燃油汽车自燃率的 1/4。

此外，针对电动汽车的安全标准也日趋完善，在工信部 2021 年 3 月 16 日发布的《2021 年工业和信息化标准工作要点》中，电动汽车的安全标准制定是其重中之重，标准数量达到燃料电池汽车的 3 倍以上，且对各类车辆应用都已经有了较为详细的规定。

再来看氢燃料电池汽车。由于氢气的燃烧和爆炸极限范畴很宽，因此氢气在人们心中总有易燃易爆的印象，那么氢燃料电池汽车是否能够安全地运用氢气呢？

答案是肯定的。

燃料电池汽车中仅有两个地方涉及氢气——电池堆和储氢瓶。其中，电池堆本身并不储存氢气，因此，一旦检测到氢气泄漏，可以迅速切断电源，保证车身安全。而根据中国物理工程研究院的调研显示，目前中国主要采用的储氢瓶是来自加拿大（GFI）公司与意大利（OMB）公司的 35MPa Ⅲ 型储氢瓶。在国际上更为先进的 Ⅳ 型则尚未进入中国市场。35MPa Ⅲ 型储氢瓶在我国已经属于十分成熟的技术，完全具备车载条件。而且，一旦储氢瓶检测到氢气泄漏，应急电磁阀门便会迅速打开，将氢气及时排出。这些被排出的氢气并不具备爆炸的条件，即使由于温度、着火点等原因发生燃烧事件，它们也将因为欠缺密闭空间等条件，仅能保持燃烧状态。此外，由于氢气密度低，氢气被排出后将迅速远离储氢瓶及车辆，大大减少爆燃的机会。

在现实场景中，储氢瓶的氢气泄漏也是小概率事件，《车用压缩氢气铝内胆碳纤维全缠绕气瓶》（GB/T35544—2017）甚至可以保证储氢瓶泄漏的概率比油箱泄漏的概率还要低很多。储氢瓶与燃料电池汽车的坚硬外壳也为其承受撞击而不爆燃提供了另一层保护，即使时速 80 千米的追尾事故也不能使储氢瓶发生形变。现代汽车名下的氢燃料电池汽车在美国公路安全保险协会（IIHS）测试中获得最高安全评价的检测结果，已经超越了绝大部分燃油车和电动汽车的防撞性能。甚至在一些现实场景中，比如枪击，氢燃料电池汽车最多发生泄漏，但绝不可能爆燃。从这一点来说，氢燃料汽车的安全性能已经赶超电动汽车了。

在燃料电池汽车相关的安全标准上，我国目前还远不能说完备，尤其是针对各类氢燃料电池汽车整车测试维保的方法，不管是商用、乘用，还是特殊领域均接近空白，这为氢燃料电池汽车的进一步推广增添了许多阻力。但在《2021年工业和信息化标准工作要点》中，工信部重点提出将大力开发电动汽车和充换电系统并进行燃料电池汽车等标准的研究与制定，标准的制定将始终追寻产业发展，实时调整。

因此，就安全性能而言，动力电池的研究和发展在近几年突飞猛进，但氢燃料电池汽车的技术发展也不落下风，在安全性能上正在迅速追赶电动汽车。

环保性能，谁更优？

发展新能源汽车最大的动力来自低碳和清洁交通的内在需要。因此，谁能在这个维度上胜出，是决定谁能主宰未来的重要因素。

表1和表2中的数据均由作者根据当下的中国电力结构进行计算，而当前的能源结构则是决定未来赢家的关键。

早在2010年，清华大学的一个研究团队曾指出，在当前中国的能源结构下，电动汽车造成的碳排放，与燃油汽车相比差别不大；但是在二氧化硫和碳化物方面的排放，要数倍于燃油汽车。燃油汽车目前每百千米的碳排放量为19.9千克。而根据2020年中国发电能源结构和电动汽车的主流性能计算，得到的数据是：纯电动乘用车每百千米的碳排放量为13.2千克（计算过程中涉及的各种参数见表1）。

表1　一辆纯电动车的碳排放计算

平均百千米耗电量（千瓦时）	能源转换效率	远距离输电效率	不同发电方式的碳排放（克/千瓦时）		我国发电量占比（2020年12月）	
			火电	841	火电	77.60%
			水电	85	水电	10.50%
16	90%	90%	核电	128	核电	4.85%
			风电	10	风电	5.62%
			光电	17	光电	1.43%
一辆电动汽车的碳排放					13.20千克/百千米	

可以看到，纯电动车的碳排放主要取决于发电结构。随着我国当前能源结构的不断改善，尤其是清洁能源的发电比例逐年提高，电动汽车在未来会占据很大的环保优势。

而关于氢燃料电池汽车，一些研究也表明，车辆储存氢气、驾驶运行对能耗和碳排放的影响极小。但是在制氢过程中，其碳排放量远远大于其他用氢环节的碳排放。因此，在测算氢燃料电池汽车的碳排放量时也要把制氢过程中的碳排放量算入其中。

制氢过程中的碳排放很大程度上取决于氢气的生产结构。根据公开数据，综合考虑当前氢电转化效率，氢燃料电池乘用车每百千米氢耗 1 千克，如果按照全球氢气生产结构计算，氢燃料电池乘用车每百千米碳排放为 12.31 千克；如果按照中国氢气生产结构计算，氢燃料电池乘用车每百千米碳排放为 16.96 千克（见图 1）（计算过程中涉及的各种参数见表 2）。

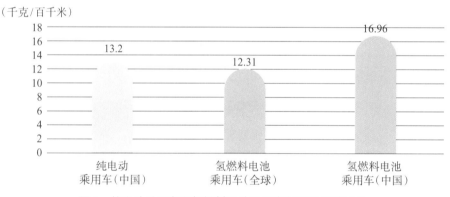

（千克/百千米）

图 1 纯电动乘用车和氢燃料电池乘用车每百千米碳排放

表 2 全球与中国的氢气生产结构

制氢原料及方式		全　球	中　国	碳排放（千克二氧化碳 / 千克氢气）
化石能源制氢	煤制氢	18%	62%	20
	天然气重整制氢	48%	19%	10
	石油制氢	30%		
工业副产制氢	焦炉煤气、氯碱尾气等	—	18%	13
电解水制氢		4%	1%	32
其他方式制氢	生物质、光催化等	—	微量	—

从全球角度来看，氢燃料电池乘用车的碳排放低于纯电动乘用车，但按照我国能源结构和制氢方式来测算，氢燃料电池乘用车的碳排放高于纯电动乘用车，这是因为我国当前生产的氢气还是以灰氢和蓝氢为主，因此，氢燃料电池汽车相比电动车在环保方面处于下风。

可以看到，在使用端，无论是电动汽车还是氢燃料电池汽车，能否逼近人类"真正零排放"的目标，都取决于未来的电力结构。

未来理想状态下，如果电动汽车所使用的电力是由风能、核能和光伏发电所产生，那么在使用过程中，能够实现零碳排放；如果氢燃料电池汽车使用的氢气是利用风能、核能和光伏发电产生的电力，通过电解水制备而来，那氢燃料电池汽车也能实现"真正零排放"。因此，未来在环保方面的比拼，更重要的环节可能是：动力电池的处置以及氢储存中的能耗等。

综上，氢燃料电池汽车和电动汽车，无论在安全性能还是环保性能方面，都没有确定的胜出者。所以我们当前还是应当保持着一个百花齐放的心态，让市场选择最能够代表未来的技术路线。

余明阳

体验价值将重构品牌竞争力

余明阳：上海交通大学中国企业发展研究院院长，上海交通大学品牌研究中心主任，上海交通大学管理学院教授、博士生导师

"我们经常思考一个问题：为什么功夫是中国的国粹，熊猫是中国的国宝，而《功夫熊猫》却让美国人挣了很多钱？"谈及品牌的建设与发展，上海交通大学教授、中国企业发展研究院院长余明阳提出过这么一个问题。

余明阳致力于品牌研究已有 30 载，研究范围从品牌的内涵、附加值，到品牌资产的保值、增值，再到品牌的延伸及创新。他认为，从国家竞争力角度而言，中国经过 40 多年的高速发展，硬实力已经很强了，跟发达国家比，现在我们相对较弱的有两方面：一个是锐实力，一个是软实力。锐实力就是科技，在光刻机、芯片、飞机、发动机等领域跟发达国家之间依然有很大的差距。至于软实力，上述提及的《功夫熊猫》就是一个例子。"我们帮发达国家的大品牌做了很多的 OEM，它们的产品在我们这里生产，我们挣的是劳务费，而人家挣的却是更高的附加值。"余明阳认为，中国的发展，未来一定要从劳务费走向附加值，要从简单的加工收入走向品牌的溢价，这就是品牌的价值所在。

谈及品牌创新，余明阳表示，中国的老字号现在有竞争力的品牌其实并不多，我们不缺好的品牌，但因创新力不足而导致品牌的持续性不够，老字号的影响力式微也是这个原因，"我希望，通过中国的品牌发展，提升我们的文化软实力，提高我们产品的溢价能力，同时提升我们的文化竞争力，这是我做品牌研究的一个最重要的缘由"。

深度品牌的打造

浅度品牌主要指的是知名度，品牌的名气是第一位的，但到了一定程度后光有知名度是不够的，我们很多品牌知名度很高，但是影响力并不大。如今，真正能够深入人心的是品牌所带来的价值和内涵。

让品牌深入消费者的内心，让消费者真正理解并接受品牌的价值观和倡导的理念，这样的文化和品牌才有持续的竞争力和生命力。最近一段时间，泰国有很多广告片拍得非常好，它的广告片甚至没有讲产品，而是在传播一个知恩图报的理念；再比如华为，它所传播的理念就是一种日益创新的理念，一种狼性、拼搏的文化。这种能够持续发展的价值观，就叫深度品牌。

中国文化源远流长、内容广泛，我们在了解了国外品牌发展以后，现在开始有了一个新的起点，例如这段时间国潮、国风越来越被人们追捧，这是个好的现象，全球对中国文化的关注度也越来越高。

从品牌文化角度来说，我认为未来会有两种架构：一种是以欧美为代表的西方文化架构；另一种就是以中国为代表的东方文化和价值体系。这次新冠肺炎疫情以后，大家发现中医的疗效很不错，很多人包括学西医的人都开始对中医感兴趣。这次疫情以后，我预计中医的国际化进程会明显提速，这就是中国文化的一个重要内涵。

此外，还有中国的服饰，比如改良型的旗袍，将旗袍的元素用在服装上可能是一种非常好的时尚，现在有很多西方人也很喜欢用盘扣，这些元素展示了女性独具魅力的妩媚和优美。

国内现在也有很多非物质文化遗产被人们广泛地关注，像苏绣、京剧，大家对这些东西越来越感兴趣，这说明东方的文化、中国的文化有独特的魅力。这些文化元素融入品牌之后，将会成为中国很多品牌的竞争力所在，这些元素对科技产品而言也是一样。所以现在东方文化融入的程度越来越高，这就是深度品牌进入中国老百姓视野、进入市场竞争的一个非常重要的手段和方法。

我不久前接触过一些非常好的国际品牌：像武田制药有250多年的历史，现在是全球十大制药企业之一，它的传承一直做得很好，既能保持家族的控制能力，又能保持机制的创新性和活力；像德国的奔驰，这个车是全球最早做汽车的一家企业，它对汽车行业的贡献很大，这几年业绩做得很不错。它在持续地做产品的创新、概念的创新和形象的创新。这些方面都是值得我们学习的一些品牌创新的方法、思路、理念和技巧。

品牌创新的未来趋势

未来创新一个很大的特点，就是行业的界限越来越不明确，你不知道是被哪个行业打败了，比如说，乔布斯的 MP3、MP4 出来以后，唱片行业就没有了；比如说，共享单车出来以后，黑摩的就没有了，因为短途可能就由共享单车来完成……这些就是跨界和科技给整个社会带来的影响。在未来，行业之间的界限可能越来越模糊，但是消费体验的因素可能会越来越强大，今后品牌最核心的因素就是给消费者带来体验价值。

我们说营销是一种交换，过去是交换劳动、产品和服务，如今是交换体验。**当今，只要能够给消费者带来体验价值的产品一定会被追捧**，例如泡泡玛特，比如现代都市产业中的撸猪、撸狗、撸猫、撸兔子等，这些边边角角的消费形式体验得好，就构成了品牌很强的黏性。所以，在你等位等得很无聊的时候，看电影早到的时候，机场候机无聊的时候，抓娃娃机、盲盒机、迷你 KTV 等这种体验产业就出来了，这些都是由体验所带来的经济，而这个体验经济最核心的东西，就是让消费者在任何时候都能够体验到价值，这种价值就是品牌黏性最核心的因素。

未来所有的品牌都将走向体验化。奔驰车也一样，现在做大量的东西能够给你提供便捷，比如说抓手，一抓以后不是直接弹回去，而是慢慢地弹回去，无论是从声音的感觉还是体验的方式，都会很舒服；还有一键启动、人性化的手刹体系，现在手刹体系很简单，轻轻一按就可以了；还有待车时的熄火装置，这些新的改进都是为了给消费者提供良好的体验。

因此，**今后好的品牌一定是给消费者提供良好体验的产品，这也是为什么现在的定制产品越来越多，服装定制、鞋子定制、橱柜定制、教育定制等，体验创造价值，所有品牌最核心的就是给你一个价值的承诺。**在未来，品牌的价值体现就在体验上，谁把体验做好了，谁把这样的价值提升好了，谁的品牌就一定是最受欢迎的，也是最有黏性、最有生命力的品牌。

以"90 后"的消费为例，2020 年"双十一"的时候，90 后消费已经占到了60% 以上，90 后成为社会的主流。90 后消费有很多不同于其他年龄层的消费方式的特点，比如说高颜值、零等待、没耐心、微参与、重洁癖等，他们的一些文化也带来了很多新兴产业的崛起,比如宠物产业、育儿产业等。从市场角度而言,这种消费特点带来了新的市场需求,也催生了一大批相应品牌的出现,这是一种趋势。

与此同时,在未来的发展中,有些东西还是要坚守的。比如东方的文化价值体系需要代代传承,技术手段也会不断创新,而这种创新并不影响人与人之间的沟通。

从容应对竞争

国际化的竞争是必然的。中国已经搞了三届进口博览会,举办进博会很大的原因是我们有这个自信,让全球最好的产品到中国来,一方面让中国老百姓有更多选择的余地,另一方面让中国企业面临更全面、更完整的竞争体系。我觉得这是一种道路自信,也是一种文化自信。中国的企业早晚需要面对这样的挑战,而且我们有信心接受这样的挑战。

我们不怕竞争,只要是良性的竞争,我想对于整个国家的发展是有好处的。当然,我们在竞争方面现在依然处于产业链相对的低端,这也是我持续关注品牌、呼吁品牌的原因,因为我们的品牌力依然不够。

用两组数据来举例。在 2021 年最新的世界 500 强排名中,中国有 133 家,占比已达到 26.6%,在数量上已经超过美国,成为世界第一;但根据最权威的 BrandZ 公布的全球最有竞争力的 100 个品牌中,中国却只有 17 个。也就是说,从量来讲我们占到了 26.6%,从质来说我们只有 17%。这说明我们的附加值和文化软实力不足,这可能是我们未来面向国际竞争最大的短板,同时也是我们必须为之努力的地方。

中国产品要走向中国品牌,这个过程绕不开,但是我认为条件已经成熟了。在联合国公布的 130 多个大类、3 000 多个小类的制造业中,全世界只有中国包含了所有的产业,说明我们的制造业体系和供应链体系是完善的,接下来我们需要提升的是锐实力跟软实力。未来的 10 年,将是中国软实力和锐实力高速发展的 10 年,这也是中国从高速发展走向高质量发展的本质所在。

陈宏民

全面推进城市数字化转型，要在"三横三纵"上发力

陈宏民：上海交通大学行业研究院副院长，上海市人民政府参事，上海交通大学安泰经济与管理学院教授

2021年年初，《关于全面推进上海城市数字化转型的意见》（以下简称《意见》）正式对外发布，明确提出城市数字化转型要坚持整体性转变、全方位赋能、革命性重塑。《意见》还提出了一个振奋人心的目标：到2035年，上海要成为具有世界影响力的国际数字之都。

事实上，最近几年来，数字化转型已经成为举国上下的共同呼声。城市数字化转型是事关全局、事关长远的重大战略。面对扑面而来的数字化转型浪潮，上海如何继续保持优势，成为先行先试的排头兵呢？在我看来，上海在全面推进城市数字化转型的过程中，无论从顶层设计的理念，还是从经典场景的高度，都必须注重"三横三纵"。

数字化的"横向三领域"：全方位覆盖

什么是城市数字化转型？简而言之，就是通过数字化升级来推进城市经济社会的整体转型和升级。这个转型不是局部的，不局限于一隅，而是要实现全方位覆盖。《意见》强调，要推动"经济、生活、治理"三大领域全面数字化转型。我认为，全方位覆盖就是要覆盖这"横向三领域"，这与国家"十四五"规划纲要的要求也是一脉相承的。事实上，这三大领域对应着一座城市的三大行为主体：市民、企业和政府。城市数字化转型当然要让这三类主体都有获得感：市民需要生活数字化，企业需要经济数字化，而政府则需要治理数字化。把这三大领域做好了，市民、企业和政府在各自的工作和生活能级上得到明显提升，城市的整体能级就能得到提升。下面，我分别从这三个领域来谈谈其数字化内涵。

经济数字化，是对各类经济活动进行数字化覆盖。从创意到研发，从制造到销售，通过数字化连接，实现快捷、柔性、可追溯；通过数字化替代，实现安全、新颖、低成本。这些年来，数字化在我国许多产业，尤其是消费服务领域取得了举世瞩目的成就，零售、餐饮、医疗、教育、金融、传媒，都发生了天翻地覆的变化。然而，即便在这些领域，产业数字化依然有很大的发展空间，许多领域的核心业务距离数字化服务还有相当一段距离，基于数字化的数据挖掘和利用还有很长的路要走，数据孤岛和信息安全仍是一对矛盾。更重要的是，在工业制造领域，数字化应用还刚刚起步，工业互联网无论是跨行业赋能还是同行业连接，都有着巨大的发展空间。

生活数字化，是为市民的城市生活打造更加便利安全的数字化服务体系。虽然消费互联网发展迅猛，可是从用户的视角看，依然存在许多亟待完善的问题。零售餐饮的质量和食品安全，需要用数字化去提升追溯能力；养老领域面临的日益增加的需求压力，需要用数字化设备来缓解；医疗教育领域的核心业务在线化，需要用数字化去营造新场景；而快速兴起的互联网医院，更为医疗的线上线下一体化服务开辟了巨大的空间。

治理数字化，目的是提高现代化城市的治理效能。像上海这样的超大城市，这是当前最为迫切需要面对和解决的问题。上海的"一网通办"和"一网统管"，即我们俗称的"两张网"建设，开启了数字化治理的征程。未来，需要进一步加强两网融合，运用数字化在服务和管理上持续发力。

数字化的"纵向三效应"：整体化提升

数字化转型，除了必须覆盖上述三大横向领域之外，还应该有纵向的视角考察，即要实现"纵向三效应"：价值效应、示范效应和平台效应。只有持续提升"纵向三效应"，才能使上海的城市数字化转型达到应有的高度，让上海真正成为"国际数字之都"。

第一个是价值效应。这其实涉及数字化转型的目的。数字经济的发展应该是价值驱动的。通过数字化转型，上海的各个产业，无论是新兴产业还是传统产业，在效率上要得到提高，在能级上要得到提升，整个经济的财富创造能力和价值实现能力要获得根本性的改善，并为未来的持续发展开辟广阔的空间。在市民的生活质量和城市的治理能力等方面，同样要强调用创造和转移价值的能力来衡量数字化转型的效果。

现在有人讨论，数字经济的核心究竟是"数字产业化"还是"产业数字化"，其实这个讨论是没有多大意义的。从某种程度上讲，"数字产业化"和"产业数字化"是数字经济发展的两翼，反映的是供给和需求这两个侧面。"数字产业化"是对基于数字化的技术和设备实现规模化的量产，而"产业数字化"则是经济社会对数字技术、数字设备和基于数字的商业模式提出的巨大需求，两者不可偏废。诚然，这些年我国基于互联网的数字经济发展迅猛，场景丰富，许多产业尤其是消费服务领域在数字化转型上取得了举世瞩目的进展；相对而言，在数字技术和数字装备的基础技术等方面没有及时跟进，补短板迫在眉睫。然而从整体上看，我国产业数字化仍有巨大的发展空间。事实上，只有基于数字化的供需两旺，数字经济和数字化社会才能持续发展；同时，也只有"数字产业化"和"产业数字化"两翼齐飞，政府、企业和社会才能协调发展，相互助力。

第二个是示范效应。数字化转型是前所未有的一项巨大的系统工程。无论在企业层面，还是在社区层面，无论是经济数字化还是治理数字化，都涉及新技术、新装备和新模式之间的有机整合，都关系到原有利益结构的打破，都面临着政策对于传统业态和新型业态的合理调节。所有的利益群体都在进行试错性的探索，所以大量工作，尤其是前期工作有着很强的示范效应。这种示范对于上海如何全面推进数字化转型有着极为重要的作用和意义。要及时总结经验，为更多后来者提供信息，减少走弯路的成本。政府不仅要做好顶层设计，提供财力上的支持，更要营造宽松的政策环境，及时披露信息。

示范效应不仅是对内的，更重要的还是对外的。城市数字化转型是全国的大趋势，不同城市都会在自己原有的基础上，因地制宜地推进转型。上海作为中国经济发展综合实力最强、人才资源最丰富、市场化程度最高的城市之一，在全面推进城市数字化转型的进程中，不仅要对本市经济社会发展做出贡献，还要能起到重要的示范和样板作用，通过各种探索给兄弟省市和地区创造好的经验。

总之，上海的城市数字化转型推进工作要体现示范效应，要为"经济数字化"

建立上海模式，为"生活数字化"形成上海风格，为"治理数字化"制订上海标准。这也是上海继续当好排头兵、先行者的应有之义。

第三个是平台效应。上海以及长三角地区作为中国经济社会持续发展的重要增长极，其对于全国其他地区的价值和意义，不仅在于示范，更重要的应该是赋能。如果在城市数字化转型的全面推进中，上海在一些重要产业和重要功能方面，依托数字化技术和新型商业模式，能形成一系列产业平台和功能性平台，通过有效连接，精准匹配，帮助各地进行各类资源对接，为它们的发展转型赋能，那么，这将是在更高层面上做出的贡献，反过来对上海的发展也是一种赋能。

更为重要的是，上海的目标是要成为具有世界影响力的国际数字之都，因此，不仅要实现数字经济全国领先，数字化设施世界一流，更重要的是提升数字化辐射能力，在数字经济的新高度上成为中国经济乃至世界经济的一个重要增长极。这就要发挥平台效应，不仅在城市竞争中占据优势，更需要在区域合作中有赋能作用。这是中央对于上海未来的期望，也是上海在全面推进城市数字化转型中需要努力的方向。

平台效应与示范效应不同。示范效应是指我做得好，你们可以向我学习，从而提升你们的水平；而平台效应是借力打力，通过各类数字化平台，聚集周围更多的城市和企业，利用大数据、人工智能等先进技术，发挥网络效应，为更多的伙伴赋能。

以数字化医疗为例。我们用数字化技术改善医疗服务，检验、诊疗、康复等各个环节的技术和场景都得到提升，治疗水平提高，患者获益，这是价值效应。我们基于数字化技术，建立一批互联网医院，医保、支付实行在线闭环，实体医院积极探索线上线下一体化，这是示范效应。而如果我们能够搭建互联网医院的公共服务平台，不仅是上海的互联网医院，甚至把全国的互联网医院统一纳入，建立统一入口和统一界面，规范管理，保障数据安全，这就是平台效应。当然，这里的平台建设主要是市场行为，能够吸纳全国的互联网医院凭借的是良好的服务。

平台效应是比示范效应更有价值、更具有可持续性的效应。中国各地的资源、环境、人文情况各有不同，正所谓"橘生淮南则为橘，生于淮北则为枳"，所以常常遇到不少样板虽好却难以效仿的例子，从而失去了示范的意义。况且，示范效应越强，意味着趋同性越强；各地以同一种模式运行，难免会形成竞争态势。

平台效应则不同。通过搭建平台，与以往的竞争对手拉开差距，发挥整合能力，使得竞争成为合作。对方不必向你学习，只是享受你对他的赋能。而实际上你对周围合作伙伴的赋能，恰恰来自它们各自的优势；每个伙伴既是你为之赋能的客户，又是你为其他客户赋能所需的资源。你要做的只是形成自己的独特优势，提升资源整合能力。所以，平台效应是发展空间更大的一种效应。

价值效应、示范效应、平台效应，是三个不同的层级，也是上海以数字化转型整体驱动生产方式、生活方式和治理方式变革时应该关注的方向。这三个层级是纵向的，一层比一层高，一层比一层难，但也一层比一层更为重要，影响更为广泛和长远。

提升城市数字化转型的平台效应的意义

接下来，我想重点再谈谈平台效应。在当前国际国内的政治经济大环境下，上海在全面推进城市数字化转型的进程中，大力提升平台效应，有着特别重要的意义。

第一，发挥数字化建设的平台效应有利于主动服务新发展格局，促进国内统一大市场的发展和完善。

新发展格局是党中央审时度势制定的大战略，是在新发展阶段，与新发展理念相辅相成的创新思路。目前，各地都在"十四五"规划纲要的指引下积极转变理念，调整格局，以适应新的发展模式。

但是，我也注意到一种新的令人担忧的现象，各地在打造全产业链时有"封闭式内循环"的倾向，这在一些新兴产业领域表现得尤为明显。国内大循环必须是全国一盘棋，构建的是开放型的国内统一大市场。地方行政力量对经济发展的过度干预，尤其是画地为牢的苗头必须及时遏制。而数字化转型能够有效促进信息交流与远程合作，对于加快构造国内统一大市场会起到积极的作用。上海如果能借力这次数字化转型，发挥自身优势，积极打造产业平台，将会有力促进全国统一大市场的发展和完善。

比如，在生物医药行业方面，上海有很强的创新能力，几乎集中了全国 1/3 的创新力量。但是受地域和环境所限，上海不可能打造全产业链。如果我们积极打造平台，把各类与生物医药有关的资源整合起来，为各地赋能，首先将大大促进中国生物医药产业的发展，其次或许反而会弱化与各地的竞争，因为我们是提供服务，走的是"共同富裕"的道路。从某种意义上可以这么说，只有重视和发挥数字化转型的示范效应和平台效应，上海的城市数字化转型才能真正称得上"主动服务新发展格局"。

第二，发挥数字化建设的平台效应有利于上海与全国其他地区错位竞争，保持优势。

发展数字经济是"英雄所见略同"，如今，生物医药、集成电路、人工智能成为许多地方不约而同选择重点发展的战略性新兴产业。由于资源有限，在这新一轮发展中，各地的竞争态势显然远远超过合作意愿。上海在这中间虽然具有一定的优势，但也面临着重重挑战。如果能够凭借这轮数字化转型，提升自身的平台效应，则不仅可以与周边地区和其他城市区域错位竞争，更能发展为互补关系，彼此赋能，共同发展。

第三，发挥数字化建设的平台效应有利于提升长三角一体化发展的整体效应。

区域协同发展，既是我国未来经济社会发展的热点，也是最大的难点之一。长三角地区是我国行政区域之间经济社会发展相互依存度最高的地区之一。但与此同时，在长三角地区，城市之间差异化程度不大，趋同化倾向始终存在，所以竞争会比较激烈。按照以往的思路，最好是高能级城市发展高端产业，低能级城市发展低端业务。但是现实情况是，低能级城市并不甘心低就，而高端产业的门槛也并不高，所以分工协作往往流于形式。如果我们重视平台思维，积极搭建和发展产业化功能化平台，就会使得城市之间的差异化加大。同时平台一旦建成，门槛就不容易跨越，这样就会减少同质化竞争，形成良性互补。

上海如何打造平台

既然平台效应如此重要，那么上海如何打造平台呢？其实，在这些年的经济社会发展中，上海一直具有强烈的营造和发展平台的意愿。无论是建设"五个中心"，还是强化"四大功能"，以及最近提出要打造成为国内大循环的中心节点和国内国际双循环的战略链接，实际上都有着浓厚的平台色彩。

长三角一体化发展上升为国家战略后，上海联合苏、浙、皖三省，积极推进协同发展。从长三角生态绿色一体化发展示范区的打造，到最近推出的虹桥国际开放枢纽的建设，无一不是为了打造能够产生聚集效应和扩散效应的综合型平台，集创造价值、打造样板和营造平台于一体。

在打造平台的过程中，上海要重点关注以下三个方面：

一是平台要有平台的优势。平台就是整合资源，在这方面，上海有着不可替代的优势。尤其随着"科技创新策源"和"高端产业引领"这两大功能的强化，上海在研发和高端制造方面还会继续积累优势，作为拓展各类平台的力量。

二是平台要有平台的思维。平台的作用在于赋能，特点在于共生。比如一些面向企业的信息平台，其赋能体现在价值共创，其中又可以分解为几个维度，如共同制订计划、共同解决问题和灵活做出调整等。平台掌握的信息资源是重要的战略性资产，平台可以通过大数据服务技术，向企业提供相关的信息服务。此外，平台可以运用信息来策划与用户的共同行动，以契约方式形成深度融合，进而带动周边实现更加宏大的目标。

三是平台要有平台的追求。要形成平台效应，就必须与其他被赋能的城市、地区形成差异，追求不一样的目标。互联网平台在这方面的做法值得借鉴。比如一般企业追求销售额和利润，而平台型企业则追求用户规模，追求流量，追求 GMV（成交总额），而所有这些指标都代表着吸引更多的用户上平台，代表着能让它的合作伙伴获得更多利益，代表着形成了更大的商业生态圈，而不是自身有多大的利润和收益。

"城市数字化转型"是上海在全国率先提出的理念。把数字化转型作为整个城市的一个主攻方向，需要有新的思路和实践路径，而在上述"三横三纵"上发力，应该是一个正确的切入口。

（本文转载自上观新闻）

蒋　炜

破除唯市场份额论，传统车企需提升产品思维

蒋　炜：上海交通大学安泰经济与管理学院管理科学系教授、博士生导师，上海交通大学行业研究院智能网联汽车行研团队负责人

2019 年，特斯拉在上海建设超级工厂，这给中国汽车市场带来了鲶鱼效应，中国造车新势力也在激烈竞争中快速发展。2020 年，以蔚来、理想和小鹏等为代表的中国造车新势力销量和市值均创新高。2020 年 11 月制定的《新能源汽车产业发展规划（2021—2035 年）》明确：到 2025 年，新能源汽车新车销售量达到汽车新车销售总量的 20% 左右。政策支持极大地利好新势力车企的发展。

造车新势力带来的数字化、智能化转变强势冲击汽车产业。特斯拉、小鹏、蔚来等，无论营销模式还是供应链都与传统车企有很大的不同。传统车企又该何去何从？实际上，传统汽车品牌早已开始布局。传统车企通过投融资赋能、内部孵化和扩大对外合作的方式，加快向科技型企业转型的步伐。2014 年，广汽集团与阿里巴巴推出互联网汽车，又先后和华为、腾讯、珠江投管等企业达成战略合作协议，携手构建跨界融合的智能网联汽车生态圈，加快推动智能网联汽车的研发和应用。上汽集团的转型之路已经走了多年。2020 年，上汽集团、张江高科、阿里巴巴组合投资基金，定位高端纯电动市场，专项投资于高端智能纯电汽车项目。这些车企在转型发展过程中供应链情况如何？市场如何打开？上海交通大学安泰经管学院教授、行业研究院智能网联汽车行业团队负责人蒋炜在接受澎湃新闻采访时对上述问题一一进行了解答。

"唯市场份额论"限制传统车企研发竞争力

澎湃新闻：汽车市场发生了哪些变化？传统主机厂应当作何改变？

蒋炜：近 10 年，汽车市场最大的变化是从追求增量转向消耗存量。上汽、广汽、一汽等从高增速的汽车市场中发展起来的传统主机厂，对市场动向报以极大的关注。这里的存量市场，指的是传统主机厂本身已有的客户群体。比如现在某主机厂已有的客户群体中，5% 是新能源车客户，根据规划，到 2025 年要达到 20% 左右，这就涉及市场结构的转变。市场结构在向电子化的方向转变且逐渐占多数。这时主机厂如果仍旧按照原来的研发速度、研发节奏，提前 2～3 年预测未来消费群体的偏好，其实就滞后了。如果主机厂能够对市场变化有一个快速敏感的反应，则可以带动供应商跟上行业整体的发展节奏。过度关注存量市场也给传统主机厂带来了不小的压力，使其在市场反应、创新能力、研发能力、企业架构的改革上畏首畏尾。尤其是绝大多数传统主机厂的产业结构以合资为主，像产权的所有权、激励机制等问题，都可能造成主机厂在一些关键的核心零部件上过度依赖外方。传统汽车工业体系上我们是有优势的，**怎样快速地对市场进行反馈，对产品进行精简，对产品进行检验，都是传统主机厂积累下来的经验，包括很多不同的子品牌、车型，导致了我们过去都致力于打造一个多品种、小批量的供应链模式，以满足不同客户的需要。**

澎湃新闻：造车新势力带来了模式上的转变，朝着这一方向看齐，传统主机厂有何优势？有什么短板要补？

蒋炜：最近一段时间看到一些新能源车质量问题的新闻，关键还是技术上不过关，整个新能源汽车产业处于起步阶段。但是，新能源化、电动化肯定是未来汽车工业的一个发展趋势。传统汽车工业发展了上百年，积累下来的丰富经验和电动、电控技术的沉淀，这些技术优势是造车新势力所不具备的。对于传统主机厂而言，当下就需要抛开市场认知的包袱，提高创新研发能力，迈开步伐去拥抱电动化的新趋势。所以，传统车企要快速打破"唯市场份额论"的思维模式，转变进一步扩大市场份额、保住市场份额的刻板思维，加大改革步伐。

传统主机厂从传统工业设计思维转向产品思维

澎湃新闻：传统主机厂的供应链体系庞杂，要精简难度很大，怎么做？

蒋炜：供应链系统更多地需要主机厂的产品体系来引导。如传统主机厂的品牌阵营规模较大，产品品类大而全，那么意味着其供应链体系必然庞大而复杂。反之，一些品牌规模阵营较小的主机厂，其供应链体系也会相对短小而灵活，从而能够更加敏捷快速地适应当前汽车产业不断变化的市场环境和用户需求。供应链精简是造车新势力的一大特点。新能源汽车崇尚小而精，就是怎么样把供应链产品和供应链体系做得越来越精简，从而才能够更快地造出一些新车型，将一些新的技术创新融入造车的过程中。这些新势力往往不是自己造车，而是将制造环节委托外包给传统车企、传统主机厂。比如蔚来汽车，其实是调动了江淮汽车的产能，利用它的机器、人工去造车，自己更关注产品研发。新能源汽车的生产模式发生了改变，由内燃机驱动模式变为电池驱动模式，压缩了供应链的长度，零部件的数量也有所减少。所以我觉得从产业发展的角度，传统主机厂需要思考，能不能另辟蹊径，学习、建立一个短小但反应快速的工业体系。

澎湃新闻：这个短小又反应快速的工业体系怎么建？

蒋炜：这就要求它另辟蹊径，在现有基础上改革。难度并不小，上汽、五菱都做过这样的尝试，能不能在尝试成功的范围内总结经验，进一步推动转变的步伐，是亟待关注的问题。简单来说，就是要从传统的工业设计思维，转向对标特斯拉的与时俱进的产品思维。传统汽车行业具有供应链高度分散、生产工艺复杂等特征，也面临着研发周期长、供应链管理低效等痛点。需要充分整合5G、物联网、云计算等新兴技术，加快传统汽车产业基于工业互联网平台的数字化转型，建立集设备柔性、工艺柔性、产品柔性、生产能力柔性和扩展柔性于一体的快速反应的柔性化制造体系，实现研发设计由独立分散向网络协同转变，生产由批量向小规模、个性化定制转变，供应链管理由信息孤岛向全局协同转变，盈利模式由单一销售向全面服务转变。比如不同品牌的手机都设计了一些独特的产品系列。**这种商业模式的特点在于，产品是由软件定义的，人们享受这个产品带来的福利时，更多考虑的是软件带来的福利，相比之下，产品本身的硬件已经不那么重要了。**这是思维观念上的一个转变。所以，对于传统主机厂而言，消费者愿意购买你的汽车，可能只是在驾驶过程中享受车的某一性能，像是速度、加速，这是一种软件要素的体现。这是观念上的不一致。传统车企造了很多不同的车型，供应链非常臃肿。如果效仿特斯拉的模式，只重点发展两三个车型，就能把供应链做得经济、高效，并且通过降低成本取得价格优势。从全生命周期的角度看，这类汽车后续的维护保养成本都有可能降低。这就是该模式的优势。对于电动化进程中造车新势力取得的优势，传统车企需要迎头赶上。

澎湃新闻：以后的汽车就像智能手机一样，这个趋势将如何影响汽车产业的发展？

蒋炜：商业模式要看10年或20年后的市场情况，要做一个长时期的分析和预测。汽车行业的发展必然是在大交通的行业发展当中的。因为汽车首要的功能就是满足出行需求。那么大交通的问题意味着什么？中国目前推动整个城镇化发展的速度越来越快，包括提出建立超级城市。这引发了一个新的命题，就是在20年之后，每个人是不是还真的需要一部车？汽车作为出行工具的基本盘，未来可能会被公共交通所取代。所以，只能赋予汽车更多的功能和意义，将汽车作为新的商品。就像智能手机，通信工具是它的基本盘，但我们现在使用手机，有99%都不是用它打电话。回到当下的问题，我们为什么要在3～5年内大力发展汽车的电子化和智能化？因为只有这样，将来，也许是10年之后，才能发挥它的引领能力。

澎湃新闻：目前传统车企转型多采用投资孵化或者对外合作这种方式，对此您怎么看？

蒋炜：车企转型升级一方面要考虑自身的战略规划和资源禀赋，另一方面也要考虑新能源车、智能网联汽车等的发展周期。以新能源车为例，在新能源车发展初期，因为销量较低，以及内部研发能力不足等因素，主机厂普遍选择充分利用供应商资源，快速推出新能源汽车抢占市场。但随着新能源汽车逐渐接近成熟期，许多主机厂开始转向自主研发或合资生产关键零部件，从而加强对核心零部件的安全、成本及供应稳定性的控制。另外，随着软件在智能网联汽车中占据越来越重要的地位，许多主机厂开始逐步推进软硬件解耦，提升软件自研能力，以更好地实现软件整合。综上所述，未来围绕硬件与软件的核心自研＋垂直整合，将是传统车企在转型过程中值得参考的路径策略。

路　琳

从前沿实践解读数字化管理——误区与突破

路　琳：上海交通大学安泰经济与管理学院教授

刘东畅：原阿里巴巴集团"未来组织实验室"负责人

数字化：流行与误解

在数字时代，商业世界中充满了快速变化和不确定性，管理变得越来越复杂，管理者也越来越难以依赖经验。一方面，经验本身就掺杂了无数偏见与迷信；另一方面，在这样的背景下，经验来不及积累。同时，管理的复杂程度不断升级，使得组织对管理精准化的需求越来越强烈。因此，企业迫切需要一个比以往靠经验和直觉更科学、更有洞见的方法来指导实践，这也解释了为什么近两年企业都开始提数字化管理。但数字化管理在应用落地上会存在很大的问题，因为企业以往在管理工作中沉淀的人力资源数据太少，仅有的数据除了最基本的年龄、性别等人口统计学数据和司龄、绩效、薪酬等人事管理数据，就只有 IT 建设方面较为成熟的公司能用到的即时通信软件、邮件信息等数据，对个体的特质、行为、偏好、情绪、组织中的复杂现象、人际网络、交换关系等，都没有任何数据可用。这导致所谓的数字化管理，依然只能停留在基本的描述性分析上，很难做真正的预测性分析，即使用上机器学习等"黑科技"，也是处于"巧妇难为无米之炊"的境地。而且因为当前机器学习的结果的可解释性问题还没有完全解决，最终也很难得到因果层面的规律性结论。这既是意识和认知的问题，也是能力的问题，最根本的还是意识和认知的问题。

所谓意识和认知问题，通俗来说，就是"不知道自己不知道"。因为管理时尚和最佳实践在企业界的影响力的确太大，企业仿佛觉得自己只要搞来一套什么流程和工具，是某某世界级的标杆企业在用的，就可以药到病除，变得军容抖擞、猛将如云，今天独角兽，明天 IPO。因此，在企业中的组织和人才管理、人力资源领域的从业者，宁肯把时间花在咨询公司的 PPT 和培训公司的广告上，或者花在自己绞尽脑汁的假想中，也不肯静下心来认真读一套组织行为学的教科书，或者读一篇管理学的顶级期刊论文。究其原因，除了阅读能力的限制以外，更重要的原因，大概是后者无法给予号称"药到病除"的商业宣传。但所谓的"药到病除"真的靠谱吗？恐怕要打一个大大的问号，这中间往往是"因果颠倒"的陷阱在作祟。通常我们的正常逻辑都是从"因"到"果"的，因为企业做了什么事，所以得到了什么成果。但是在管理时尚和最佳实践的宣传中，却是反过来的：首先找到一堆从业绩表现和影响力来看最优秀的企业，然后再说它们做了什么，先讲"果"，再讲"因"，似乎只要商业成功，以往做过的所有事都是值得学习的经验，可实际上这个"果"和这些"因"之间，可能根本就没有明确的关系。由于信息不对称，真正的成功要素很可能在这样的因果倒置中被遗漏或者曲解。所以盲目跟风去学习，既不知己，更不知彼，根本就是无意义的。即便退一万步说，这个因果关系真的存在，可是在如今的数字经济时代，社会不断发生着深层次的变革，复杂性、不确定性、快速变化成为常态，任何过去成功的经验，在不经过验证的前提下直接照搬，也是对企业非常不负责任的做法。

这便是当前数字化管理概念的通病，即它被咨询公司努力打造成了一个新的"管理时尚"或者"最佳实践"，变成一个放之四海而皆准的产品，似乎企业只要采购一个数据可视化的系统界面，呈现一下基本的组织和人才数据，或者用机器学习装模作样预测一下员工有多大可能性离职，就足以被称作"数字化管理"了。可是当企业花费巨资去买了这种更"漂亮"的数据呈现方式后，却发现这根本得不出什么有价值的定性结论，没有解决任何管理问题。追求效率是企业的天性，但跳过客观规律，简单追求效率，并不能解决所有问题。

诚然，类似这样的管理时尚和最佳实践所打出来的"药到病除，快速见效"的招牌，无疑是打动人心的。但这种"刻舟求剑"的做法，最多只能解释过去，而无法指导现在和指引未来，逼得越来越多的企业开始回归到对自身场景的探索和判断中去。也就是说，企业需要先通过研究更好地理解自己组织的特征和问题，建立能更精准反映组织现状的数字化模型，再去制定有针对性的解决方案。

对企业而言，这样做的确会比照搬管理时尚和最佳实践需要更多的精力和时间，但在数字经济时代，面对各种前沿的管理难题，真正想解决问题的企业，的确到了不得不拿出精力和时间的时候。

创新管理的历史难题：如何识别优秀的产品经理

产品经理，可谓是高科技企业的无冕之王。对企业而言，一位卓越的产品负责人，如苹果的乔布斯、微信的张小龙、抖音的张楠，能通过卓越的产品将技术和商业进行完美结合，获得商业成功，其价值绝不亚于一个优秀的 CEO。但究竟什么样的人才能成为优秀的产品经理呢？长期以来，众说纷纭，莫衷一是。原因在于产品经理的工作要求就是：在巨大的不确定性下，通过不断创新，寻找突破点，并推动团队带来价值实现。如何选拔与培养适配这种岗位的人才，一直是企业实践中的难点。以往，企业对这类人才使用的评价方式多是通过经验判断，也就是通过一个人的过去，预测其未来，然而，由于突破式的创新可遇而不可求，难以连续复制，这种传统的预测模式放到产品经理这样的创新人才管理中，效果将大打折扣。

字节跳动的创始人张一鸣就曾经公开表达过这种焦虑，他说：

"有一天我看到咱们 HR 写的招聘 PM（产品经理）的 JD（岗位介绍），特别生气。

有一条写着：有五年以上互联网产品经验，具有日活千万量级以上的产品规划和产品迭代实施经验。

我跟这个 HR 说，按照这个要求，陈林、张楠、我们公司一大批 PM（产品经理），一个都进不来，连我自己都进不来。别说千万 DAU（日活跃用户量）产品了，他们加入前，连百万，甚至十万 DAU（日活跃用户量）的产品也没做过。

很多同事加入我们公司的时候并没有光鲜的背景或者很好的履历，公司的产品经理，有设计背景的、运营背景的，还有代码写不好的工程师转岗的。

我们招人一直秉承的观念，是找到最合适的人，特质是不是真正契合，关注人的基本面。学校、相关经历、title 都没那么重要。写这样的 JD 很容易，本质上是偷懒，要发现人的特质才是困难的。"

一方面，过去的经历与成就只代表过去；另一方面，企业迫切需要能尽早发现具有潜质的优秀人才，通过设计合适的机制，支持这些优秀的人更容易跑到终点、创造未来，把创新从一个小概率的事件，变成大概率的结果。

作为创新企业的管理者，如果真如张一鸣所期望的，能够通过发现产品经理的特质，预测其将来的行为和结果，组织就被赋予了洞见未来的能力，创新人才管理这一仗的打法就能变得耳目一新。

解题团队：穿越虫洞的"未来组织实验室"

为了解答这一历史性难题，阿里巴巴在这次产品经理的人才标准制定工作中果敢创新，与历史上任何一次都不同。整个项目的主导者，既不是咨询公司，也不是人力资源高管，而是阿里巴巴集团内部的一个神秘团队——"未来组织实验室"。花名"澄天"的阿里小二，就是这个团队的创始人。产品经理这个项目，后来被团队命名为"project rossen"，其中 rossen 借用的是物理学名词"爱因斯坦-罗森桥"，又称为"虫洞"，缘于产品经理的工作本质就像虫洞一样，是连接技术与商业两个世界的中枢。其实，"未来组织实验室"这个团队本身的构成也是穿越虫洞的结果，来自人力资源管理实践一线的阿里小二找到了上海交通大学安泰经济与管理学院的路琳教授研究团队，双方一拍即合，并肩作战。

"未来组织实验室"的工作过程中，既没有咨询公司介入，也没有所谓的高层领导拍板，完全依据科学研究方法，依赖于从真实场景中获得的真实案例和真实数据。这个团队回顾了大量相关理论和文献研究，基于组织行为学的实证研究方法，通过为期两年、针对产品经理和其合作方几十个小时的深度访谈，投放和回收了上千份问卷，系统地采集了产品经理的特质，解码了产品经理创新的路径，建立了产品经理价值模型，连接起产品创新的关键行为与结果，并挖掘出组织文化和环境对产品创新的影响作用。

"未来组织实验室"通过理论与实践频繁碰撞、往复迭代的过程产生了一系列成果。阿里巴巴全公司的产品经理人才标准刷新，仅仅是用到了其中的部分研究结果。拿到实验室团队提供的模型后，人力资源部门针对某事业部的产品经理的特质项进行了排序，并对排序前 30% 的人员的绩效数据进行分析，发现其中在绩效管理中被评为高绩效和高潜力的产品经理占比达到了 2/3，而剩下的 1/3，几乎全部都是入职一年以内、缺乏有效的绩效和潜力评估数据的新人（在剩下的 70% 的人中，高绩效和高潜力的比例立刻就降到了 1/4 以下，因为绩效管理的结果是综合性并且强制排名的，不只与能力和表现挂钩，所以很难完全降到 0）。在创新这件事上，组织开始遇见未来。

解题方法：基于实证的数字化管理

"未来组织实验室"引入阿里巴巴管理实践的是"实证研究方法"。其实，在管理学术研究界，实证研究方法并不是一个新概念。实证研究是从 20 世纪下半叶兴起的一种基于"假设—验证"原则的科学方法，强调管理学研究的结论不仅要言之成理，还要言之有据，而这个"据"不仅指证据，更是指数据。再往前追溯，就要回到当年伽利略站在比萨斜塔上扔铁球的故事。伽利略为了证明自己的理论，首先通过逻辑推导的方式，推翻了亚里士多德的理论，但这还只是一个假设，为了证明这个假设是正确的，他还必须验证，即亲自把两个不同重量的铁球从一个高度同时松手，观测两者是否同时着地。回到管理学中，就是首先要通过大量的调研，结合文献研究，得出假设，建立研究模型，然后通过问卷或实验等方式，收集数据，通过统计分析工具验证模型，才能得出变量与变量之间的关系是否成立等结论。尽管实证研究方法在学术界已经是一种基本范式，但在当下热衷于追逐最佳实践和管理时尚的企业界，还很少有人知晓，更别说应用这一方法为企业分析和解决实践问题了。

除了"project rossen"这样的项目，"未来组织实验室"用实证化的研究方法，对更多实践中的管理问题进行了理论化分析。比如空降领导层的落地生根，互联网企业 HRBP 的工作模式，也包括疫情期间员工在家远程办公时的工作投入度与效率问题。借助管理学中的实证研究方法，这个团队不断扩大着组织对自身、对人才的认知疆界。一些原本停留在学术界里的概念，被引入管理实践中，精准描述、解释、预测管理现象与原理。例如，在居家办公项目的研究中，我们发现，自我调节能力能帮助员工更好地应对工作环境和方式的变化，保持高投入和高效率。再有，通过工作重塑，远程办公可以变成员工对自己的工作进行反思及再次创新的机会。正值阿里巴巴价值观"新六脉神剑"落地，大家都在谈论其中"唯一不变的是变化"这一条的时候，"未来组织实验室"告诉大家，拥抱变化不只是一个价值观和态度问题，更是一个能力问题，而且这个能力还是可习得的，是组织可以对员工赋能的。

　　将实证研究方法引入企业管理实践，真正的价值，并不只是这些不断推出的研究成果，而是穿越虫洞后，管理研究者与实践者携手，推翻所谓的企业"最佳实践"。以往的管理学习，都是去看标杆企业做了什么，比如在招聘、绩效管理、人才发展上有没有什么行之有效的创新，再来看哪些可以用在自己的组织中，但究竟这些实践有多大价值，能不能照搬，会不会水土不服，尚是未知之数。"未来组织实验室"告诉我们，**所谓"最佳实践"，是建立一套科学的方法，扎根企业自身的实践，帮助组织更好地认识自己、预测未来**，这样从实证中产生的结论，才能帮助组织进行因地制宜的科学决策，创造一套真正适应自己的具体场景的"最佳实践"。这套实践，才是他人无法照搬、复制无效的。

　　就实证方法而言，虽然对于相对复杂的命题，的确需要至少一年时间，但很多相对简单明确的项目，在更短时间内也能呈现出有价值的成果。当基于实证的数字化管理实现以后，大量数据得以不断积累和沉淀，工具得以不断完善，人才得以训练和培养，效率和价值会随着认知的不断深化变得越来越高。

　　深度思考了基于实证管理的数字化管理与时间、价值之间的关系后，我们画出了一条管理实证化价值曲线来说明这个问题。过往基于管理时尚和优秀实践的企业管理变革，虽然在不断引进新的管理方法和工具，但由于企业内部组织和人才领域、人力资源领域的管理者、专家等，对组织并没有深刻和精细化的认知，依旧停留在经验和直觉上，所以对管理方法和工具的引进缺乏鉴别力，常常出现引入之后水土不服而弃之不用的情况。同时，经验和直觉在这个充满不确定性、复杂性和快速变化的时代越来越难以积累，所以企业长期困顿在这样的模式中，组织变革很难持续实现显著价值。反而因为组织规模和复杂度不断扩大，流程的过度泛滥，导致组织变得越来越官僚，部门墙越来越厚重，决策和反应越来越迟缓，形成所谓的"大公司病"。而**管理实证化的核心，首先是看清楚并证明问题所在，并给出简单直接的解题方法，还能在之前成果的基础上不断深化研究命题和内容，以"如无必要，勿增实体"的奥卡姆剃刀原则不断推动组织的精确变革，形成一条全新的价值曲线。**

伍青生

工业互联网发展需要深化对应用场景的挖掘

伍青生：上海交通大学安泰经济与管理学院的教授、博士生导师，美国哥伦比亚大学高级访问学者

作为国家多年来主推的发展路线，工业互联网俨然成了近期的热点话题。但在大型企业、行业领跑者借此机会开疆拓土，闯出新模式、新业态的同时，中小型企业面前的路又通向何方？

要谈工业互联网，就得先弄清楚什么是工业互联网。我们来看看以下哪个案例属于工业互联网的应用？

进行智能化管理系统改造，将环境、自控、安防等 10 多个子系统上云的大剧院 A；利用平台数据深度分析，实现发动机预测性维护以避免飞行事故的航空发动机企业 B；通过物联网模块与仪器仪表、工业设备、工控系统、上位机统一连接的某平台 C。

其实以上 3 个案例皆属于工业互联网的应用。按照中国信息通信研究院信息化与工业化融合研究所工程师尹杨鹏的说法，工业物联网、工业智联网、产业互联网等概念本质上是共通的。以"工业"为名主要是考虑其当前以工业为主要应用场景，但工业互联网不只是互联网在工业领域的应用，而是以制造业为起点，支撑一、二、三产业融通发展。

工业互联网不是工业的

中国工业互联网产业联盟早在 2016 年就公布了工业互联网的架构体系，当时对这一概念的定义尚立足于工业（我们称之为 1.0 版本）："工业互联网是满足工业智能化发展需求，具有低时延、高可靠、广覆盖特点的关键网络基础设施，是新一代信息通信技术与先进制造业深度融合所形成的新兴业态与应用模式。"从 1.0 版本的定义中就可以看出，这一概念最初的关注点就是信息通信技术与制造业的配套。在 2017 年公布的《2017 年制造业与互联网融合发展试点示范项目名单》中，来自机械、能源、化工等重工业领域的试点项目占到了整个名单的 2/3 以上，在后继几年的名单中，这一比例才下降到一半左右。

在 2021 年颁布的 2.0 版本的定义中，这一概念的涵盖范围大大扩充，不再强调以制造业为唯一的中心，而是着眼于建立全面连接的体系，添加了产业链和价值链的概念，并且将连接对象由机器设备和工业产品延伸到工业服务，形成了跨行业、跨产业联合的机制。

如果从功能上划分，除了网络与安全这两大板块之外，作为体系核心的工业互联网平台可细分为 3 个层级，包括边缘层、平台层和应用层。

边缘层是基础，包含设备接入、协议解析和边缘数据处理。从这一层级，衍生出了工业数字化装备产业（只覆盖装备的数字化、智能化部分）。

平台层即工业 PaaS 平台。这一层基于通用 PaaS，将工业机理（know-how）沉淀为模型，对工业数据进行清洗、管理、可视化等处理，实现数据的深度分析，并为应用层提供开发环境。从这一层级，衍生出了工业互联自动化产业。该产业包含工业控制、工业传感器等提供数字化感知、控制、执行等能力的产品与解决方案。

应用层与企业的运营管理直接相关，体现了工业互联网的最终价值。这一层级包含工业 SaaS 平台和各类工业 App，主要针对企业的个性化需求开发，提供业务和创新性应用。从这一层级，衍生出了工业软件与 App 产业。

再加上网络板块衍生出的工业互联网网络产业（包含网络设备、网络服务和标识解析）和安全板块衍生出的工业互联网安全产业，就构成了围绕工业互联网展开的五大类相关产业。

全方位推进的工业互联网产业

自 2015 年后，国家的相关政策陆续出台。2016 年奠定了制造业与互联网融合发展的主线，到了 2017 年，国家政策逐步进入具体的指导期，支持和规划开始不断细化，工业互联网的发展也开始加速。从规模上看，我国工业互联网产业增加值规模持续扩大。据中国工业互联网研究院测算，2019 年工业互联网增加值规模达到 3.41 万亿元，名义增速达到 22.14%，占 GDP 的比重为 3.44%。

从体系架构上来看，网络、平台、安全三大体系全方位推进。信息通信企业与制造企业积极探索企业内网改造，标识解析体系建设取得积极进展，建成了 5 个国家顶级节点和 55 个行业二级节点，标识注册量超过 40 亿个，网络支撑能力大幅度提升；具备行业、区域影响力的工业互联网平台超过 70 个，服务工业企业数近 40 万家，平台服务能力得到强化；信息技术公司对百余个重点平台、900 余万台联网设备进行实时监控，保障数据安全和实时预警，建立了稳固的安全保障体系。

除了自身的发展之外，工业互联网也对其他行业起到了明显的带动作用。2019 年工业互联网带动第一产业、第二产业、第三产业的产业增加值规模分别为 0.049 万亿元、1.775 万亿元、1.585 万亿元。其中，工业互联网带动制造业的产业增加值规模达到 14 694.68 亿元，带动增加值规模超过千亿元的产业已达到 9 个。

除了规模上的成绩之外，各行业的领先企业还在工业互联网的基础上积极探索新模式和新业态。赛迪研究院编制的《工业互联网平台新模式新业态白皮书》就总结出了五大新型业态，包括零工经济、共享制造、现代供应链、工业电子商务和产业链金融，每种新业态又可进一步细分。比如，以共享制造为例，航天云网 INDICS 平台盘点、剥离、整合闲置的制造能力、试验能力和计量检测能力，让不同的制造工厂之间可进行交易，这属于制造能力共享；海尔的卡奥斯平台将设计工具、工业机理模型等研发设计资源共享，供平台上的 10 万多名开发者调用，这属于设计能力共享；荣事达发挥市场、品牌、渠道等优势，提供面向中小微企业的孵化服务，增强中小微企业的市场竞争能力，这属于服务能力共享。

上海交大安泰经济与管理学院的伍青生教授指出，工业互联网的出现带来了新的发展思路，给中国的制造企业实现弯道超车提供了契机。领头羊企业在新模式、新业态上的探索，对中国的制造企业在全球竞争中更好地确定竞争优势，缩小与西方发达国家的差距，会有重大的示范意义。

强者恒强，弱者更弱

虽然无论从规模上、架构上还是优秀企业个体来看，工业互联网产业在我国都取得了可喜的成绩，但将目光投向企业的应用水平，还是能发现一些值得关注的细节。

中国信通院院长刘多在 2021 年 8 月就曾表示，国内工业互联网处于"提升 + 补课 + 创新"并举阶段。《中国工业互联网发展成效评估报告》中的数据显示，我国大型企业的融合应用普及率为 86.1%，中型企业的融合应用普及率为 68.7%，小微企业的融合应用普及率为 51.8%。她总结道：大企业数字化基础较好，应用新模式效益明显，普及率高；中小企业基础较弱，投入成本高，普及率较低。

不过，即使是已经应用了工业互联网的企业也不可以说就"高枕无忧"了。2019 年调查企业应用工业互联网新模式占比数字显示，企业应用智能化生产、网络化协同、服务化延伸、规模化定制 4 种新模式的占比分别为 33.2%、26.8%、14.4%、8.7%。显而易见的是，智能化生产和网络化协同依旧是目前工业互联网的主要应用模式，而对于服务化延伸、规模化定制这样相对"高阶"的应用还是普及度不高。

伍青生教授评价说，目前国内企业的工业互联网应用有了一个良好的开局，但要真正深入挖掘还有很长的路要走。

刘多院长则在《中国工业互联网发展成效评估报告》中将企业目前在这方面的症结归纳为"四不"——不想用、不会用、不能用、不敢用。"不想用"源于管理团队主观能动性不足；"不会用"是由于缺乏相关的认知和人才储备，43.8% 的企业表示不了解相关技术；"不能用"是由于企业的网络基础有待强化，"企业内生产设备联网率"为 48.8%，"标准化数据协议普及率"为 65.9%；"不敢用"是由于国内企业（尤其是制造业）利润水平偏低，风险承受能力较低，74.4% 的企业表示工业互联网改造"资金投入过大，回报周期长"。

诚然，大型企业是工业互联网落地的先锋队，有着不可替代的战略价值。但我们应该看到，中小企业在数量上占绝大多数，工业互联网未来可观的市场规模即由这一部分构成。如果将大型企业比作指明方向的灯塔，则这些领头羊与中小企业之间的落差就犹如塔——灯塔越亮，照射得越远。

虽然并未找到直接就工业互联网应用的效率进行对比的数字，但埃森哲公司在《中国企业人工智能应用之道》这份报告中，将人工智能的应用划分为三个阶段的做法，可供间接比较：

概念验证阶段（80%～85% 的企业），实验和试点往往由 IT 部门孤立运营，成功率和投资回报率都比较低；规模化推广阶段（15%～20% 的企业），建立了与业务目标紧密相关、清晰的应用战略和运营模型；产业化增长阶段（不超过 5% 的企业），完成了技术、市场等方面的验证和检验，进入规范的大生产、广应用的状况。

根据埃森哲的调研，仅在第二阶段，企业应用人工智能的成功率就已经是前一阶段的 2 倍，而且投资回报水平接近前一阶段的 3 倍。我们有理由推断，工业互联网在国内企业之间的应用水平也存在比较大的差距。再加上目前国内工业互联网应用普及度较高的行业要么属于高产值、高能耗，应用提升效果明显；要么两化基础较好，参与意愿较高，因此更加容易形成"强者恒强，弱者更弱"的马太效应。如果对这种不均衡的状态不采取针对性的措施，将不利于提升中国企业的整体实力，不利于实现我国由"制造大国"向"制造强国"转变。

挑肥拣瘦的"引路人"

不过，部分企业工业互联网应用的滞后，问题不一定全出在企业身上。

上海交大的伍青生教授指出，对于绝大多数的中小型企业来说，凭它们自己去了解工业互联网是有难度的。所以第三方平台是帮助中小型企业去了解、认知工业互联网的一个重要途径。分享的成功案例可以打消企业的顾虑，帮它们找到更明晰的应用路径。

但实际上，第三方平台出于自身利益的考虑，会拒绝已经萌发工业互联网改造意愿的企业客户。伍教授介绍了这样一个案例：一家集装箱生产商在自动化改造方面有迫切的需求，结果联系到的平台方反倒把找上门来的客户拒绝了。原因有两个：一个是集装箱制造的企业数量少，即使项目成功也不能给平台方的推广带来多少帮助；另一个是该行业的技术含量不高，所以企业的付款能力和数字化基础相对比较低，对平台方来说属于高投入、低回报的项目。

伍教授还补充说，应用场景过于特殊的企业，第三方平台也不乐意接。他曾经考察过一家在汽车物流行业排名靠前的企业。由于汽车行业的物流与普通物流差别巨大，所以目前基本没有第三方平台对这个行业有深入的了解。这家企业接触过的平台方都拒绝了。最后逼得企业只好选择以自己为主、第三方为辅的方式强行上马。

伍教授解释说，虽然目前存在一些专注于垂直行业或细分领域的第三方平台，但除了它们自己熟悉的工业场景外，对其余的大量场景了解有限，所以遇到非标准化、需要投入大量精力甚至是重新开发的工业互联网项目，也是不愿意接的。企业最后只能自己出手，无形中提高了自行摸索的成本和心理门槛。企业需要的是专业适应性强的平台，而平台出于盈利的要求，更喜欢通用性强的客户，这就构成了基本的矛盾。

伍教授认为，由于国内的制造企业群体庞大，水平参差不齐，所以工业互联网改造和升级的过程会相对较慢，对中国而言至少会带来为期10年的机会，甚至更长。他认为最终会形成足够大的市场，通用性的平台和工业属性强的细分平台都能有足够的生存空间，而当下应当避免过度强调通用性，反而应该深化对应用场景的挖掘，注重给企业创造的价值。

中国信通院的刘多院长建议，在工业互联网驱动的数字化转型过程中，大中小企业当前应本着"因地制宜"的理念，选择不同的实现路径：大型企业探索智能化突破；中型企业依托原有的软硬件工具，聚焦数字化能力集成；小企业聚焦信息化补课。

信通院的尹杨鹏工程师也指出，其他企业应用工业互联网的经验可以学习、借鉴，但不可以直接复制。国内企业还是要避免盲目跟风，要脚踏实地地探索，灵活运用工业互联网解决自身的发展难题。

（原载于《世界经理人》，2021年1月13日）

李　楠

数字人民币是"特洛伊木马"吗?

李　楠：上海交通大学安泰经济与管理学院金融学副教授，上海交通大学证券金融研究所副所长，上海交通大学行业研究院银行业研究团队主要成员

陈开宇：上海交通大学行业研究院银行业研究团队成员

在过去的几周中，随着中国人民银行数字人民币的试点逐步从深圳等城市扩大到北京、上海等城市，数字人民币成为越来越多的中外媒体和金融从业者的热议话题。国际清算银行（BIS）2020 年年底对 60 家成员国央行（包括 G20 国家的央行）的调查报告中称："占世界人口 1/5 的国家央行很可能将在未来 3 年内发行数字货币。"同年 11 月，高盛在题为《数字时代人民币再创造》的报告中推测："中国处于数字货币发展的前沿，可能成为首批发行主权数字货币的国家之一。"

的确，中国人民银行早在 2014 年就成立了数字货币研究团队，并于 2016 年成立了数字货币研究所（Digital Currency Research Institute，DCRI）。经过 4 年多的研究，DCRI 等 3 家相关研究机构已经申请了近 100 项数字货币方面的专利。2020 年 4 月开始，中国人民银行逐步在多个城市进行了数字人民币（e-CNY）在封闭系统的内部测试，6 家大型国有商业银行、3 家电信公司、京东、支付宝、腾讯和华为手机均参与了测试。

但是，笔者同时发现，有不少媒体特别是海外媒体的报道对于数字人民币存在较多误解，有些甚至是恶意曲解，认为数字人民币是中国政府用于攫取支付宝等第三方支付机构数据的工具，是为了监控民众一举一动的"特洛伊木马"；还有人杞人忧天地认为数字人民币会取代美元的世界货币地位，进而监控世界上所有人；更有人认为比特币等去中心化的数字货币是法定货币的自由市场化的替代品，是对抗因央行"放水"而产生的通胀的武器。

那么，数字人民币是西方媒体口中的"特洛伊木马"吗？比特币是逃避国家铸币税对抗通胀的"良币"吗?

中国人民银行副行长范一飞于 2020 年 9 月《金融时报》发表《关于数字人民币 M0 定位的政策含义分析》一文，明确指出："数字人民币是由人民银行发行的数字形式的法定货币……主要定位于流通中现金（M0）。"从准确理解这一定位出发，我们就能清晰地找到西方媒体相关观点中的谬误所在，并回答上述问题。

一、数字人民币是数字形式的法定货币，而比特币只是投机泡沫

数字人民币是数字形式的法定货币，与美元、欧元、日元等所有国家的法定货币一样，发行基础都是国家信用，这也正是包括数字人民币在内的所有央行数字货币（central bank digital currency，CBDC）与比特币等"数字货币"或者 Diem 等"稳定币"的本质区别。

当 1971 年 8 月美国尼克松政府宣布美元已不再与黄金挂钩，停止以每盎司 35 美元的价格兑换黄金时，标志着布雷顿森林体系的终结。从此以后，货币的价值不再由其可兑换的贵金属（黄金 / 白银）来保证，而是来自该法定货币的发行者（如日本央行、欧洲央行、美联储、中国人民银行）所代表的国家信用。而国家信用也正是数字人民币的发行基础，从这个意义上来说，数字形式的人民币与纸币和硬币形式的人民币是完全等价的，都是流通中的货币即 M0，度量了货币作为商品交换中介的功能。

目前市场上五花八门的去中心化的数字货币，从比特币、狗狗币到 Facebook 准备发行的 Diem 等稳定币，与央行数字货币唯一相同的地方就只有"数字"两字。所有非央行发行的数字货币没有任何国家信用做保障，其币值的保障只是对传说中比特币的发明人中本聪提出的所谓全球自由流通货币的信仰，或者对区块链技术可能带来的价值的狂热追捧。

欧洲央行行长克里斯蒂娜·拉加德（Christine Lagarde）和美国财政部部长珍妮特·耶伦（Janet Yellen）最近都曾明确指出，加密货币的主要用途是支付非法交易赎金或者洗钱，而沃伦·巴菲特则表示，他很乐意购买整个加密行业的看跌期权。最近比特币、以太币、狗狗币价格的大幅波动更说明这类数字币其实是典型的投机泡沫，绝不可能成为对抗通胀的"良币"。

比特币这类没有任何基本价值的投机资产，或许会经历一轮轮的暴涨暴跌，或

许能圆个别人一夜暴富的美梦，但是绝大多数的投机者必然会沦为一茬茬的"韭菜"而不是"割韭菜者"。如果真想在"币圈"这个大赌场发家致富，那么首先得掂量掂量自己的钱袋，问问自己：你能输得起多少？如果这个数字没有6个零（单位：美元），那么笔者劝你趁早开溜。

二、中国人民银行率先研发数字人民币有充足的理由和充分的条件

中国有充分的理由和良好的基础，走在央行数字货币研究的前沿。对所有央行来说，发行和使用央行数字货币最大的意义在于降低现金的管理和维护成本。想象一下，如果把市场上所有的纸币和硬币都换成了数字人民币，那么我们就不再需要铸币厂、大型实体金库，也不再需要那些荷枪实弹的运钞员和运钞车，这将节省一笔巨大的开支。根据欧洲央行的测算，27个欧盟成员国的零售支付工具的社会成本约为1 300亿欧元，占GDP的1%。

目前我国建立了庞大的系统用于现钞的发行、印制、存储、使用和回收，负担着巨大的运营成本和风控成本，其中包括：诸如印钞厂、金库、现钞押运、点钞机、ATM等各系统的大量固定资产投资，具备点钞识伪、印钞、金库管理、安全保卫等专业技能的大量人力资源，各环节同时还承担着的防盗抢、防损毁、防伪、反洗钱等风控成本。

随着中国零售支付领域现金使用占比日趋降低，继续维持这个耗费大量固定资产、专业人才和运营成本还承担着巨大风险的现钞体系，显然是不经济的。同时，2016年以来，随着中国电商平台和支付宝、微信等第三方支付机构的迅猛发展，非现金支付体系日益完善，这构成了央行发行数字人民币替代实物现金必要的基础设施和保障。

目前中国流通领域的人民币绝大部分并不是以实物现金形态，而是以数字形式进入了社会经济生活。实物现金类交易量一直处于大幅度下降之中，未来现金使用占比还将继续下降。截至2020年12月，中国流通货币或M0总量为8.43万亿元，而2020年通过银行系统实现的非现金支付交易总额则达到了4 013万亿元。

所以，中国人民银行率先研发数字人民币，顺应了数字化经济的大趋势，既有充足的理由，也有充分的条件。

三、数字人民币的核心特点

作为数字形式的法定货币，除了定位于流通中的货币，数字人民币还有两个核心特点，即可控匿名和双层体系的发行设计。

（一）可控匿名

现钞具有完整的匿名功能，这使得现钞使用者可以保留隐私。但现钞也因匿名功能有着携带不便、易丢失损毁及存在洗钱等犯罪行为的风险。

数字人民币可以通过独特的数字技术实现可控匿名功能，比如数字人民币设计了"双离线支付"功能，即使两个用户都没有网络连接，依然可以使用智能手机上的钱包应用程序（App 钱包）或者独立的数字人民币硬件钱包直接支付交易。这种"双离线支付"功能，允许通过"数字人民币钱包"处理小额交易，保障了公众的隐私偏好，使得带有"数字人民币钱包"App 的智能手机和数字人民币硬件钱包就如同装有钞票和硬币的实体钱包，进入我们日常的交易活动之中，特别是能够在网络不好或者没有网络的地方实现无现金零售交易，让数字经济触达每一个角落。如果有了数字人民币钱包，那么登山者在没有网络的山顶也能用数字人民币买一个冰激凌犒劳自己。

带有可控匿名功能的数字人民币既能满足公众对于隐私的要求，同时又能发挥数字人民币在识别洗钱等大额非法交易方面的优势。

（二）双层体系的发行设计

所谓双层体系指的是货币发行途径，即数字人民币由央行发行，通过商业银行系统传导到社会公众。这种双层体系的设计与现行人民币的发行途径是完全一样的。

现有的金融体系中，商业银行通过接受存款和发放贷款创造广义货币 M2（度量了货币的储值功能），并将货币从央行传递给社会公众，进入社会经济生活之中。2020 年 12 月中国 M2 为 218.7 万亿元，是 M0 的 25 倍多，这些 M2 主要是通过商业银行的贷款业务创造的。而数字人民币作为承担交换功能的货币（M0）也将以相同的路径发行，即通过包括商业银行在内的支付系统传导到社会经济生活的各个层面，并非直接从央行发到社会公众手中。

双层体系的重要内涵是，数字人民币的发行并不会导致商业银行或第三方支付机构的"金融脱媒"。打个简单的比方，如果说商业银行支持的支付系统是经济主体的大动脉，那么第三方支付则是毛细血管，而流通中的现金或货币（无论是数字人民币还是人民币）都只是动脉或毛细血管中的血液，血液不可能脱离血管而单独存在。

另外，在双层体系中，货币政策主要是通过商业银行进行传导的，因此，货币政策传导机制的效率取决于银行体系和整个金融市场的效率和现存的约束限制条件，而与人民币是否以数字形式存在并没有多大关系，就像身体里的血液是否能正常流动，取决于血管是否畅通，而与血管里流动的是 A 型血还是 B 型血并没有什么关系。

四、数字人民币不是用来监控所有交易的特洛伊木马

有外国媒体认为，数字人民币就是特洛伊木马，一旦使用，则社会公众的交易再无隐私可言，尤其是通过第三方支付机构交易的隐私就被中国央行全部掌握了。真是这样吗？

首先，根据奥卡姆剃刀定律，最简单的道理就是最合理的解释。央行发行数字货币能够节省巨大的零售支付工具的社会成本，就凭这点就足以解释央行发行数字人民币的动机。

其次，所有通过非现金支付渠道的支付方式，无论是刷卡，还是扫码，理论上都是可追踪非匿名的，而中国央行发行的数字人民币所具有的可控匿名性，才可以真正满足公众对于零售支付业务的匿名性的要求。

再次，通过第三方支付机构的交易并非金融监管的盲点。从 2018 年 7 月 1 日起，第三方支付平台的所有在线交易都必须通过中国网联清算公司（NUCC）平台进行清算，而该平台是由中国人民银行监管的。也就是说，目前第三方支付机构实施的交易量已经纳入人民银行的监管范围之内，并非西方媒体口中的"隐私"。

最后，第三方支付平台涉及的交易量只占社会总交易量极小的部分。2020 年通过中国银行系统进行的网上和线下交易总额达到 8 195 万亿元人民币，其中大部分是通过 10 年前建立的"大额境内支付系统"完成的，这个数字大约是支付宝等第三方支付平台总交易额的 25 倍多。

为了监控已处于监管范围、仅占总交易额不到 4% 的第三方支付平台的交易数

据，而大费周章地推出数字化货币，这不是"往山里搬石头"吗？这么荒谬可笑的逻辑恐怕只有自以为是的"中国阴谋论"者能够想出来吧。

五、数字人民币的目标不是人民币国际化

虽然数字人民币与人民币国际化都是中国人民银行现阶段工作的重点，但是数字人民币的发展重点目前主要是推进在国内的使用，并非人民币国际化。同时，人民币国际化的目标是实现进一步的国际贸易和投资的便利化，并非取代美元或者其他国际货币。

需要指出的是，数字人民币的发行目标并不是人民币国际化，而且人民币是否数字化也不是人民币国际化的决定因素。人民币国际化的进程取决于中国在国际贸易体系的重要性以及贸易伙伴国对以人民币结算的接受程度，而这取决于人民币币值的稳定性和中国在国际贸易体系中的作用。

六、数字人民币面临的挑战

尽管中国央行已经在数字人民币的研发上处于世界领先地位，但是在实体经济中发行并使用数字人民币仍面临着不少挑战。2020 年 10 月，央行数字货币研究所所长穆长春表示，已经发现有假冒的数字人民币。原中国人民银行副行长李波在 2021 年 4 月 18 日举行的博鳌亚洲论坛上表示，央行在多地进行的数字人民币试点中取得了不少经验，但推广数字人民币尚无具体时间表。

发行和使用数字人民币面临的最大的不确定性在于网络的安全性和可靠性。俗话说"魔鬼总是在细节中"，数字人民币的发行涉及众多复杂技术和潜在风险，这就需要通过多场景反复试点，在正式使用前尽可能多地发现潜在的问题和风险，并找到应对之道。这就是中国央行在研发测试方面表现积极，但在设定发行数字人民币的时间表方面却表现保守的原因。这种追求稳健的思维不仅对保证央行成功发行数字人民币具有重要意义，而且对于"数字经济和金融体系数字化"的建设也具有重要的借鉴意义。

（本文转载自 2021 年 5 月 9 日，中国金融信息中心，新华社客户端。

内容略有修改）

彭 娟

"魔都" 数字经济强在哪?

彭　娟: 上海交通大学安泰经济与管理学院副教授、博士生导师

一、上海数字经济发展现状

上海市数字经济在地区经济中已占据主导地位，大量高新企业和新基建相关企业为上海数字经济的发展提供了支持和保障。上海市数字经济 GDP 占比已超过 50%。

产业数字化发展已成为上海市驱动数字经济发展的主引擎。产业数字化增加值在 2020 年已超过 1 万亿元，占 GDP 比重超过 40%。

"新基建"相关企业为上海市数字经济发展提供了新动能，这得益于上海市完备的工业体系。在新基建的各个领域中，上海市的工业物联网领域相关企业数量占比达 69.15%，高于全国平均水平的 55.34%，是当前上海"新基建"发展优势领域，这也为"工赋上海"三年行动计划的实施提供了有力保障。预计到 2035 年，上海拟新建 8 000 个 5G 室外基站，加快建设成为国际数据港。

二、上海数字产业化发展现状及创新企业

数字产业化主要包括电子信息制造业、电信业、软件和信息技术服务业、互联网和相关服务业等。

上海市的电子信息制造业在五大高技术产业中占据主导地位，"十四五"规划中明确提出，到 2025 年集成电路产业规模要实现倍增，政策多次鼓励相关产业发展。

上海市电子信息制造业的典型企业有哪些呢？它们是：中芯国际集成电路制造有限公司、上海微电子装备（集团）股份有限公司、澜起科技股份有限公司、紫光展锐（上海）科技有限公司。

上海市在固定网络和移动网络建设方面始终走在全国前列，优质企业占比高，已率先实现"双千兆宽带城市"的建设目标。软件和信息技术服务业持续向好，具备专利优势，相关企业风险低。上海市软件和信息技术服务业典型企业有哪几家呢？它们是：支付宝（中国）网络技术有限公司、汉海信息技术（上海）有限公司（大众点评）、中国银联股份有限公司。

上海互联网和相关服务业收入规模与增速位居前列，相关企业专利持有情况远超全国水平。根据工信部数据，2020年前三季度上海市互联网业务累计收入位居全国第三，同比增长22.7%。

上海市互联网和相关服务业有专利企业占比3.36%，超过全国水平4倍；拥有软件著作权企业占比15.29%，超过全国水平5倍；无风险企业占比85.76%，高于全国平均水平的75.73%。

上海市互联网和相关服务业代表性企业有哪些呢？它们是：携程计算机技术（上海）有限公司、上海拉扎斯信息科技有限公司、上海幻电信息科技有限公司、上海钧正网络科技有限公司。

三、上海产业数字化发展状况及创新企业

第二产业数字化代表行业工业互联网，相关企业数量位居全国第三，**工业互联网是新一代信息技术与工业经济深度融合的全新经济生态，是关键基础设施和新兴应用模式，是第二产业数字化的代表性概念与组成。**近年来，上海围绕工业互联网创新发展赋能经济高质量发展，在战略布局和产业创新等方面进行了多项部署。

"工赋上海"三年行动计划推动上海市工业互联网创新升级，到2022年，工业互联网对上海实体经济引领带动效能显著，工业化和信息化融合水平保持全国第一梯队，基本建设成为具有国际影响力、国内领先的工业互联网资源配置、创新策源、产业引领和开放合作的发展高地。

工业互联网产业集群效应显著，传统产业将借助工业互联网实现转型升级。长三角地区是新能源汽车重要的产业聚集地，形成了重要零部件、动力电池、电动机、汽车装备等产业基地，汽车上下游行业整体数字化水平较高，具备发展工业互联网的良好基础。预计上海工业互联网核心产业规模在2022年将达到1 500亿元。目前上海市已推动300多家企业进行创新工业互联网应用，其中包括集成电路、生物医药等重点领域。通过推进长三角工业互联网一体化示范区，打造工业互联网产业高地，具有显著的头雁效应，为全国工业互联网发展起到了示范作用，并为将来打造世界级智能制造示范区打下了坚实基础。

第三产业数字化代表行业——电商的投融资环境优质，企业健康度领先。产业数字化模块中，服务业领域数字经济领先发展，特别是电子商务、共享经济等服务业数字化发展迅猛，对数字经济增长的贡献巨大。与此同时，平台经济汇聚供需发展潜力，电商平台是典型的以互联网为载体的数字化平台，是服务业产业数字化的代表行业。

电商行业持续受到重视，直播电商成为重中之重。《上海市促进在线新经济行动方案（2020—2022年）》中提到，拓展生鲜电商零售业态和鼓励开展直播电商、社交电商、社群电商、"小程序"电商等智能营销新业态。其中重视直播电商的发展是重要的指导之一。

直播电商市场处于爆发期，规模大且未来增长可观。得益于上海市中外品牌高度聚集的天然优势，2020年以来上海市MCN机构数量飞速增长，上海作为全国首个建立MCN专委会的城市，已在构建"网红经济"集聚区，推动"网红经济"全产业链上下游交流合作。

上海市电商行业典型企业主要有哪些呢？它们是：上海寻梦信息技术有限公司（拼多多）、行吟信息科技（上海）有限公司、震坤行工业超市（上海）有限公司、美腕（上海）网络科技有限公司、上海宝尊电子商务有限公司。

四、上海数字化治理现状

数字化治理的典范是智慧城市，目前政策支持力度逐年加大。

新型智慧城市是建设数字中国、智慧社会的核心载体。上海跟随国家政策，大力推动智慧城市建设，2020年上海市政府发布《关于进一步加快智慧城市建设的若干意见》，聚焦政务服务"一网通办"，城市运行"一网通管"，全面赋能数字经济三大建设重点，夯实"城市大脑"、信息设施、网络安全三大基础保障，加快推进新一轮智慧城市建设，不断增强城市吸引力、创造力和竞争力。

上海市智慧城市发展指数全国居首，在政策支持、基础设施和服务水平与应用落地方面均表现优秀，是中国智慧城市落地的标杆城市。

最后，我们来探讨一下上海数字经济发展展望和面临的挑战。

通过对上海数字经济的发展现状盘点和规划目标解读，我们预计上海数字经济未来将继续保持高质量发展、实现区域协同创新、维持数字化优势的基本态势。

（1）"科创板"将有力地推动上海数字经济向高质量发展前行。"科创板"作为重点支持新一代高科技产业和战略性新兴产业的重要平台，为上海市吸引了一大批优质的新经济、高技术企业。

（2）依托长三角一体化发展推进协同创新。2018年11月，习近平总书记宣布，支持长三角区域一体化发展并上升为国家战略。根据规划，长三角将形成以上海为核心的"一核九带"空间格局。上海市将着力推动长三角跨区域分工协作，发挥、整合长三角地区产业优势，实现长三角地区数字经济协同创新。

（3）通过城市数字化转型稳固数字化优势。上海市在全国范围内拥有数字化发展优势，"十四五"规划已明确提出将全面推动城市数字化转型，将大力引导企业在AI、5G、IOT等相关技术自主创新，大力推进上海市科技领域发展，稳固上海市的数字化优势。

同时，上海发展数字经济也不可避免地面临诸多挑战：**国际环境越发复杂，外部挑战加剧，全球数字贸易正在发生重大变化，世界各国相继出台数字经济战略，纷纷抢占技术制高点。虽然上海市拥有各领域的龙头企业，但是从整体来看，无论是龙头企业数量还是大型平台型企业和独角兽企业数量，与北京、深圳等城市相比缺乏数量优势。从数字经济的研发与创新来看，上海目前落后于兄弟城市，在特色科技新领域还需不断努力。**

总之，上海的数字经济既有优势又面临着挑战。我们相信在不久的将来，具有魔都数字经济特色的"数字上海"，必将成为国际数字之都。

上海交通大学安泰经济与管理学院高管教育中心简介

上海交通大学安泰经济与管理学院高管教育中心（以下简称高管教育中心）作为学院的对外窗口和承担社会责任的名片，秉承"中国智慧、国际视野"的教育理念，以"培养扎根中国的世界级商业领导者"为使命，从企业管理实践出发，洞察企业发展路径，关注新技术、新业态的迭代趋势，优化培训课程体系，遴选卓越师资，拓宽培训授课形式，引领并实现对变革领导型人才培养精准而又快速的响应，为企业家学习及铸造学习型组织提供整体人才培养解决方案。

在内容输出方面：高管教育中心以提供坚实的智力支持促进企业发展为己任，建立起"公开 - 定制 - 国际"三维度课程体系。通过学界权威教授、商界精英领导者、行业实战专家亲自上阵，讲解企业经营之道，用新经济思维方式帮助企业全面梳理商业模式，找到新经济时代的爆发点。在公开课方面，通过模块化、系统性学习培养优秀卓越的企业家、商界领导者；在定制课程方面，高管教育中心专门成立了课程研发咨询部，通过纵深研发、教授领衔、博士带队，成功探索出一条定制式、咨询式课程的道路，为培训的纵深发展创造了一片蓝海。经过多年的持续深耕，高管教育中心在近年来参评的英国金融时报（FT）高管教育项目全球排行榜排名中屡获佳绩，持续稳步提升。

在校友平台方面：历经 30 年的培训积淀，高管教育中心已累计为 1300 多家企业，10 万多名学员提供培训。诸多的企业校友与行业精英在不同行业、不同地域形成了庞大的校友网络。校友之间良性互动，校友组织沟通融合，孵化裂变，为行业的研究、企业的发展搭建了宽广的平台。同时，高管教育中心也通过中国 CEO 俱乐部、投融资俱乐部、合唱团、创新领导力俱乐部等校友组织，定期举办各类活动，促进校友之间的沟通与融合。

在区域协同发展方面：高管教育中心将依托即将成立的上海交通大学深圳行业研究院，围绕着大湾区和深圳区域性发展的战略方向，把握住数字化转型的浪潮与趋势，定制化开发设计符合区域化战略新兴产业发展与领军人才梯队培养的卓越课程体系，陪伴企业家和企业的成长。

未来，高管教育中心仍将不断动态推进内容输出的供给侧改革，快速响应时代的要求，扎根中国管理实践，用实战、创新的培训课程帮助企业解决实际问题，激发企业的创造力，为中国经济的转型发展贡献管理智慧！

上海交大安泰高管教育中心

微信扫描二维码，关注我的公众号